일주일에 -3kg 진짜 맛있는 다이어트

박설희(이지테이블) 지음

일러두기

• 책에 소개한 레시피는 1인분 기준입니다. 1인분 이상일 경우 별도 표기했습니다.

초판 1쇄 발행 · 2023년 8월 20일
초판 3쇄 발행 · 2023년 11월 15일

지은이 · 박설희(이지테이블)

발행인 · 우현진
발행처 · 용감한 까치
출판사 등록일 · 2017년 4월 25일
대표전화 · 02)2655-2296
팩스 · 02)6008-8266
홈페이지 · www.bravekkachi.co.kr
이메일 · aoqnf@naver.com

기획 및 책임편집 · 우혜진
마케팅 · 리자
디자인 · 죠스 **교정교열** · 이정현
CTP 출력 및 인쇄 · 제본 · 미래피앤피

ISBN 979-11-91994-18-6(13590)

정가 19,800원

감성의 키움, 감정의 돌봄 용감한 까치 출판사
용감한 까치는 콘텐츠의 樂을 지향하며 일상 속 판타지를 응원합니다. 사람의 감성을 키우고 마음을 돌봐주는 다
양한 즐거움과 재미를 위한 콘텐츠를 연구합니다. 우리의 오늘이 답답하지 않기를 기대하며 뻥 뚫리는 즐거움이 가
득한 공감 콘텐츠를 만들어갑니다. 아날로그와 디지털의 기발한 콘텐츠 커넥션을 추구하며 활자에 기대어 위안을
얻을 수 있기를 바랍니다. 나를 가장 잘 아는 콘텐츠, 까치의 반가운 소식을 만나보세요!

세상에서 가장 용감한 고양이 '까치'

동물 병원 블랙리스트 까치. 예쁘다고 만지는 사람들 손을 마구 물고 할퀴며 사나운 행동을 일삼아 못된 고양이로 소문이 났지만, 사실 까치는 누구보다도 사람들을 사랑하는 고양이예요. 사람들과 친해지고 싶은 마음에 주위를 뱅뱅 맴돌지만, 정작 손이 다가오는 순간에는 너무 무서워 할퀴고 보는 까치.

그러던 어느 날, 사람들에게 미움만 받고 혼자 울고 있는 까치에게 한 아저씨가 다가와 손을 내밀었어요. "만져도 되겠니?"라는 말과 함께 천천히 기다려준 그 아저씨는 "인생은 가까이에서 보면 비극이지만, 멀리서 보면 코미디란다"라는 말만 남기고 휑하니 가버리는 게 아니겠어요?

울고 있던 겁 많은 고양이 까치는 아저씨 말에 마지막으로 한 번 더 용기를 내보기로 했어요. 용기를 내 '용감'하게 사람들에게 다가가 마음을 표현하기로 결심했죠. 그래도 아직은 무서우니까, 용기를 잃지 않기 위해 아저씨가 입던 옷과 똑같은 옷을 입고 길을 나섭니다. '인생은 코미디'라는 말처럼, 사람들에게 코미디 같은 뻥 뚫리는 즐거움을 줄 수 있는 뚫어뻥 마법 지팡이와 함께 말이죠.

과연 겁 많은 고양이 까치는 세상에서 가장 용감한 고양이가 될 수 있을까요? 세상에서 가장 용감한 고양이 까치의 여행을 함께 응원해주세요!

[CONTENTS]

일주일에 -3kg
다이어트 리포트

일주일에 -3kg
양배추

튼튼하게 태어난 **나는 어릴 때부터 먹는 걸 좋아했다.** 누구나 그렇듯 어릴 땐 살이 찐다는 것에 그다지 민감하지 않았고, 스스로를 지극히 평범하고 적당히 통통한 체형이라고 생각했기에 다이어트의 필요성을 느끼지 못했다. 그렇게 맛있는 음식을 마음껏 먹으며 '통통'과 '뚱뚱'의 애매한 경계를 아슬아슬하게 오가던 내가 '다이어트'라는 것을 처음으로 생각한 건 중학교 때였다.

사춘기에 접어들어 한창 외모와 몸매에 대한 관심과 고민이 많아지던 때, 일면식도 없던 지나가던 남자애에게 뚱뚱하다고 놀림받은 것이 첫 다이어트를 하게 만든 '사건'이다. 처음으로 맛본 굴욕감과 수치심에 그제야 내가 살이 많이 쪘다는 걸 깨달았고, 다이어트에 대해 알아보기 시작했다. 물론 얼마 안 가 맛있는 음식 앞에서 없던 일이 되어버렸지만, 아마 그때가 내 머릿속에 '맛있는 음식을 먹으며 다이어트할 수는 없을까' 하는 근본적인 고민이 생겨난 때가 아닐까 싶다.

그로부터 1~2년 후, 중학교 3학년 방학 때였다. 성장호르몬이 제 역할을 본격적으로 시작할 즈음 자연스레 키가 크면서 살이 빠졌다. '예뻐졌다'는 친구들의 칭찬과 달라진 주위의 시선, 그리고 나만의 착각이었을지 모르지만 조금 더 좋아진 대우는 내게 다이어트의 원동력이 되기에 충분했다. 그와 동시에 '더 빼야 한다, 지금보다 더 빼야 한다'는 강박 아닌 강박이 생겼고, 더 날씬한 몸이 욕심나 조급해졌다. 결국 건강하지 않은 다이어트를 하게 됐는데, 약 2년 동안 줄넘기, 경보, 달리기 등 살이 빠질 만한 운동이라면 뭐든 다 했고, 음식은 최대한 절식했다. 덕분에 20kg 가까이 감량하는 데 성공했지만, 결과는 좋지 않았다. 돌도 씹어 먹을 정도로 에너지 넘쳐야 할 성장기였음에도 몸이 버티지 못했는지 건강이 많이 나빠졌고, 급기야 고등학교 때는 식이를 조절하지 못하는 거식증까지 걸렸다. 물론 고등학교에 입학하면서 급격히 달라진 환경이나 힘겨운 상황 등 개인적 사정이 맞물린 결과였겠지만, 어찌 됐든 무리한 다이어트와 절식이 상당한 영향을 끼쳤음에는 틀림이 없다. 그때부터였던 것 같다. 내가 다이어트의 굴레에서 벗어나지 못하게 된 것은.

오랜 시간에 걸쳐 살을 찌우고 빼기를 반복했다. 너무 지쳐서 이 힘든 다이어트에서 벗어나고 싶었다. 건강하고 행복해지고 싶어 시작한 다이어트였는데, 건강을 잃은 데다 행복하지도 않았다. 그래도 포기할 수는 없었다. 잃어버린 건강과 행복을 되찾을 방법은 '제대로 된 건강한 다이어트'뿐이라는 걸 잘 알았기 때문이다.

오래 지속할 수 있는 건강한 식단과 운동이 필요했다. 하지만 그런 다이어트 음식은 많지 않았다. 그래서 **칼로리는 낮지만 맛있는 다이어트 음식을 연구하기 시작했다. 하나하나 직접 먹어보며 체중 감량 효과를 체크했고, 그렇게 나만의 다이어트 레시피를 하나씩 쌓아나갔다.** 정말 살이 빠질까 싶을 정도로 맛있는 음식을 즐겁게 먹으며 나에게 맞는 적당한 운동을 하다 보니, 어느새 성공한 다이어터보다 더 어렵다는 성공한 유지어터가 되어 있었다. 그것도 하루하루가 행복하고 즐거운, 활력 넘치는 유지어터가 말이다.

이 책에는 나만의 레시피와 다이어트 방법이 아주 자세하게 담겨 있다. 다이어트는 분명 쉬운 것이 아니지만, 그럼에도 이 책을 통해 다양한 방법이 쏟아지는 갈래 많은 '다이어트'라는 길에서 조금이라도 더 건강하고 즐거운 길을 알려주는 자신만의 '다이어트 이정표'를 찾을 수 있기를 바란다.

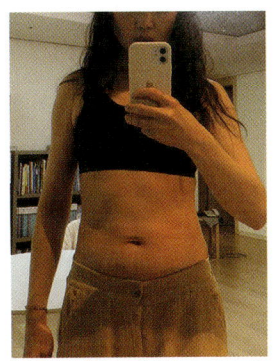

(전) 몸무게 : 62kg
골격근량 : 23kg대
체지방률 : 24%대

몸무게 : 60kg　　　(후)
골격근량 : 28.9kg대
체지방률 : 14%대

이지테이블 다이어트란?

내가 생각하는 다이어트란
무조건 굶거나 절식해서
살을 빼는 게 아니다.

❶ 건강한 탄단지를 골고루 갖춰 먹고

❷ 건강한 재료로 맛있게 음식을 만들어 만족도 높은 식사를 하고

❸ 그 식단이 오랫동안 내 생활에 스며들게 하는 것

❹ 거기에 무리하지 않는 운동을 해 근육량을 키워 기초대사량을 높이는 것

❺ 몸과 마음 모두 건강해지는 것

이것이 진정한 다이어트가 아닐까 생각한다.

> 일주일 감량 성공을 위해
> 꼭 지켜야 하는 기본 원칙

◆ 굽거나 튀긴 음식 자제하기

◆ 생으로 먹거나 데치거나 찐 음식 먹기

◆ 채소 많이 먹기

◆ 외식을 피할 수 없다면 양 조절하기

◆ 단백질이 풍부한 음식 섭취하기

일주일 감량을 위한 식단 구성의 원칙 8

1. 밀가루 음식 자제하기
2. 단백질이 충분한 식사하기
3. 적당한 탄수화물은 필수
4. 찌거나 데친 음식 먹기
5. 달콤한 음식 줄이기(액상과당, 디저트)
6. 간식이 생각나거나 출출할 땐 초콜릿 챙겨 먹기
7. 하루 한 끼는 채소 가득한 샐러드 먹기
8. 양념 반으로 줄이기

지속적인 다이어트를 위한 초기 일주일 습관 만들기

우선 다이어트를 시작하는 데 있어 일주일은 정말 중요한 시기인 것 같다. 그동안 풀어져 있던 생활 습관을 한번에 고치기는 힘들기 때문에, 초기 일주일 동안 너무 많은 것을 하거나 타이트한 식단을 하면 오히려 해가 될 수 있다. 천천히 좋은 습관을 완벽하게 내 것으로 만드는 것이 중요하다. 먼저 가벼운 운동을 시작하거나(걷기나 빠르게 걷기, 혹은 헬스장에서 러닝머신 뛰기) 스스로 지킬 수 있는 사소한 운동부터 시작하는 게 좋다. 만약 세 끼를 꼬박꼬박 먹었다면, 한 끼 정도는 단백질 셰이크나 간단한 샐러드로 먹어보자. 오래 지속할 수 있는 다이어트를 위해 꼭 지켜야 하는 건 다음과 같다. 이것부터 지켜보자.

✚ 무리한 목표 세우지 않기
✚✚ 나쁜 습관 하나씩 고쳐가기
✚✚✚ 스스로와의 지킬 수 있는 사소한 약속 만들어 바꿔나가기

체지방 줄이고 근육량 늘리는 이지테이블만의 방법 공개

생활 습관이 어느 정도 잡혔다면, 체지방을 줄이고 근육량을 늘릴 수 있는 운동과 식단을 천천히 시작해보는 게 좋다. 처음부터 '체지방 무조건 줄여야 돼', '근육량을 늘려야 돼'라고 생각하면 몸에 무리가 올 수 있다. 습관이 어느 정도 잡힌 상태라고 가정했을 때 체지방은 식단으로 줄이고, 근육량은 운동으로 늘려야 한다. 체지방을 줄이려면 단백질 위주의 식단을 지키고 달거나 짠 자극적인 음식은 피해야 한다. 적당한 탄수화물 섭취도 매우 중요하니, 탄수화물을 배제하거나 극단적으로 줄인 식단을 고집하지 말자. 운동 잘하고 잘 먹으면 근육이 저절로 붙는다.

 근육량을 늘리기 위해서는 중량 운동을 해야 하는데, 고중량 저반복 운동이 근육량을 늘리는 데 큰 역할을 했다. 사람마다 체질이 다르니 이것이 무조건 정답이라고 할 수는 없지만, 분명 도움이 될 것이다. 웨이트는 루틴을 정해 상체와 하체를 돌아가며 해야 하고, 적당한 휴식도 꼭 필요하다. 근육을 키우기 위해서는 웨이트로 근육 단련하기, 근육 충분히 휴식시키기, 영양 충분히 섭취하기가 중요하다. 이 세 가지를 잘 지킨다면 근육량은 분명 늘어날 것이다.

01 골격근량은 어떻게 키웠나요?

키 168cm, 몸무게 60kg, 운동 전 골격근량 23kg, 현재 28kg대

2년 조금 안 되게 운동하면서 5kg의 골격근량을 키웠는데, 고중량 저반복, 저중량 고반복을 번갈아가면서 했고, 웨이트 후에는 꼭 닭 가슴살이나 단백질 셰이크로 단백질을 보충했다. 그리고 골격근량을 바짝 올릴 때는 자극적이거나 단 음식은 근육량을 키우는 데 방해가 된다고 해서 빵이나 떡볶이, 치킨 등과 당분이 많은 음식은 자제했다.

02 체지방률은 어떻게 줄였나요?

운동 전 체지방률 23%대, 운동 후 체지방율 12%대, 현재 13~14%대

체지방률을 낮추는 데는 확실히 식단이 중요한 역할을 하는 것 같다. 체지방이 가장 낮았을 때는 아침, 저녁을 샐러드 위주로 먹었다(닭 가슴살, 목살 등 기름기 없는 고기도 자주 먹음). 이때도 간식은 다이어트용 간식(비건 빵, 당 지수가 낮은 단백질바나 스낵)이나 견과류 등 자극적이지 않은 것을 먹었다. 가끔 먹고 싶었던 음식을 먹되 양을 조절했다(뭘 먹더라도 양 조절이 정말 중요하다).

03 체지방을 줄였더니 생리를 안 해요.

여자들은 체지방이 어느 정도 있어야 한다.

나도 12%대까지 내려갔을 때 생리 양도 적고 주기가 불규칙해져 일부러 체지방률을 조금 높이기도 했다. 사람마다 체질이나 신체 특성상 다르지만, 갑자기 체지방을 많이 빼면 생리불순이 올 수 있으니 체지방률을 어느 정도 유지하면서 다이어트를 하는 것이 좋다. 체지방을 빼는 것보다 생리를 지키는 것이 더 중요하니 무리한 다이어트는 금물!

04 과자가 먹고 싶을 땐 어떻게 하시나요?

먹고 싶을 땐 먹고 운동했다.

체지방률이 많이 떨어지고 신체에 변화가 생겼을 때 간식을 어느 정도 챙겨 먹고, 탄수화물도 더 잘 챙겼다. 절식을 하면 나중에 폭식으로 이어질 수 있으니 과자가 먹고 싶으면 어느 정도는 먹어도 된다. 양을 조절할 수 없을 것 같을 때는 그릇에 담아 정해진 양만 먹는 것도 좋은 방법이다.

05 운동은 몇 시에 하세요? 하루 루틴이 궁금해요.

주 6회 아침 운동(웨이트 1시간~1시간 30분, 스트레칭 10~15분), 저녁엔 수영을 하거나 틈틈이 1만 보 걷기

아침에 일어나자마자 가글을 하고 무가당 두유와 삶은 달걀 1개를 먹은 후 바로 헬스장에 간다. 웨이트를 한 다음에는 30분 안에 단백질을 섭취하려고 한다. 단백질은 보통 닭 가슴살이나 단백질 셰이크로 보충하는데, 요거트에 단백질 파우더를 넣고 다양한 토핑을 얹어 먹기도 한다. 점심은 약속 있는 날을 제외하고는 집에서 직접 만들어 먹고, 저녁에는 수영을 한다. 수영을 하지 않는 날에는 산책을 한다든지 해서 하루에 1만 보는 걸으려고 노력한다.

06 술은 안 마시나요? 술 때문에 입 터짐이 심해요.

술은 대체로 NO.

원래 술을 좋아하지 않는다. 그래서 관리하기가 그나마 수월한 건지도 모른다. 가끔 술이 생각나면 제로 맥주나 무알코올 맥주를 마시기는 한다. 안주도 해산물이나 크래미 등 가벼운 걸로 먹는 편이다. 술을 좋아한다면 나처럼 무알코올이나 제로 맥주로 대체하면 좋지 않을까? 그게 어렵다면 양을 조절하거나 횟수를 줄여야 한다.

07 입 터짐을 막는 좋은 방법이 없나요.

지금 있는 장소에서 벗어나거나 움직이기.

나가서 걷기라도 하면 확실히 뭘 먹고 싶다는 생각이 없어진다. 나가기 전 배가 너무 고프다면 땅콩버터 1작은술 혹은 초콜릿 두 조각, 혹은 호두 3~4알을 먹고 다른 장소로 가거나 움직이면 도움이 많이 된다. 뭔가 먹고 싶을 때 이 방법이 효과가 좋았던 것 같다. 이때 맛있는 간식을 먹으면 무너지므로 포만감을 주거나 식욕을 떨어뜨릴 수 있는 음식을 소량 먹는 게 도움이 된다(나의 경우 초콜릿이 식욕 감퇴에 좋은 듯하다).

08 자주 먹는 외식 메뉴는 뭐예요?

샐러드, 편백찜, 샤부샤부, 생선구이, 쌈밥, 초밥 등 건강한 메뉴를 돌아가면서 먹는다.

09 이렇게 먹는데 살이 안 쪄요? 아니면 너무 적게 먹는 거 아닌가요?

식사량이 사람마다 다르니 이런 질문을 받곤 하는데, 나는 지금 실천하는 식단 루틴이 활동량과 맞는지 잘 유지된다. 여기서 디저트나 탄수화물을 좀 덜 챙겨 먹으면 0.5kg에서 많으면 1kg 정도 빠지기도 한다. 사람마다 기초대사량과 식사량이 다르니 하루 식사량에서 조금 덜 먹으면 빠지고, 더 먹으면 찌는 건 당연한 일. 평소 식사량과 운동량을 조절하면 살은 빠지게 되어 있는 것 같다.

10 일주일에 3kg 감량하는 게 가능한가요?

가능하다.

수많은 다이어트를 해왔는데, 일주일에 3kg을 뺀 적이 있다. 그때 주로 먹은 음식이나 운동 방법을 응용해 인스타 피드에 업로드하기도 한다. 효과를 확실히 본 레시피도 적어뒀다. 일단 찌거나 데치거나 생으로 먹으면 감량에 도움이 많이 되고, 굽거나 튀긴 음식은 아무래도 칼로리가 높아지니 빠른 감량을 원한다면 이런 음식은 자제하는 게 좋을 것 같다.

1큰술 =
밥숟가락으로 1스푼

· 액체를 담을 때 흐르지 않을 정도로 가득 (10g 정도)

· 가루를 담을 때 볼록하게 가득 (10g 정도)

· 페이스트를 담을 때 볼록에서 조금 가벼운 정도 (10g 정도)

종이컵 =
150ml 정도

종이컵이 다양해져 용량도 조금씩 다른데, 내가 주로 사용하는 종이
컵은 보통 1컵에 150ml 정도다.

다이어트에 좋은
이지테이블
추천 제품

01. 스리라차소스 0칼로리로 매콤한 맛을 내며, 활용도가 높아요!

👍 후이펑 제품 자주 사용

---

02. 저칼로리 소스 시중에 1통 다 먹어도 칼로리 부담이 없는 저칼로리 소스가 많이 나와 있어요!

👍 비비드 제품 자주 사용

---

03. 닭 가슴살 소스가 첨가되어 있지 않는 닭 가슴살을 자주 먹어요!

👍 미인계 제품 자주 먹음

---

04. 알룰로스 당을 줄이고 칼로리가 1/10로 가볍게 먹을 수 있는 제품

👍 큐원 알룰로스 자주 사용

---

05. 무가당 두유 설탕을 넣지 않은 식물성 단백질 두유

👍 매일 무가당 두유 자주 먹음

---

06. 마요네즈 비건 마요네즈나 저칼로리 마요네즈지만 양을 많이 사용하진 않음

👍 비비드 제품이나 오뚜기 하프마요 제품 자주 사용

07. 단백질 셰이크 맛도, 성분도 만족! 당은 낮고 고단백이라 자주 먹어요!

👉 플라이밀 단백질 셰이크 자주 먹음

08. 올리브 오일 효능이 좋은 엑스트라 버진 올리브 오일을 사용해요!

👉 보통 데체코나 바쏘 제품 자주 사용

09. 토마토소스 유기농 토마토 99.85%를 함유하고 그 밖의 성분도 대체로 건강함

👉 데체코 제품 자주 사용

10. 통밀 면 일반 밀가루를 넣지 않고 통밀로 만든 파스타 면

👉 미주라 제품 자주 사용

11. 통밀 토르티야 통밀이 많이 함유된 토르티야

👉 지름 20cm인 요리하다 제품 자주 사용

12. 무가당 플레인 요거트 당이 거의 함유되지 않았거나 무가당 제품을 자주 먹음

👉 GS 리얼요거트나 매일바이오 플레인 저지방, 요플레 플레인 설탕 무첨 가 제품 자주 먹음

13. 그래놀라 당은 낮고 바삭한 식감이 최고!

👉 플라이밀 그래놀라 자주 먹음

간단하게 만드는
이지 단백질 바 5

따라 하기 쉬운 단백질 바!
같이 만들어봐요!

1week -3kg

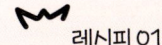 레시피 01

꾸덕한 단백질쿠키

 재료 오트밀 5큰술, 치아 시드 1큰술, 땅콩버터 1큰술, 알룰로스 5큰술, 무가당 코코아 파우더 3큰술, 무가당 플레인 요거트 5큰술

❶ 볼에 오트밀, 치아 시드, 땅콩버터, 알룰로스를 넣고 잘 섞어 동그란 트레이에 꾹 눌러 담습니다.

❷ 무가당 코코아 파우더와 요거트를 섞어 위에 잘 발라줍니다.

❸ 냉동실에 3~4시간 넣어두었다가 먹습니다(냉동 보관).

23

1week -3kg

레시피 02

오트밀땅콩볼

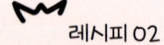

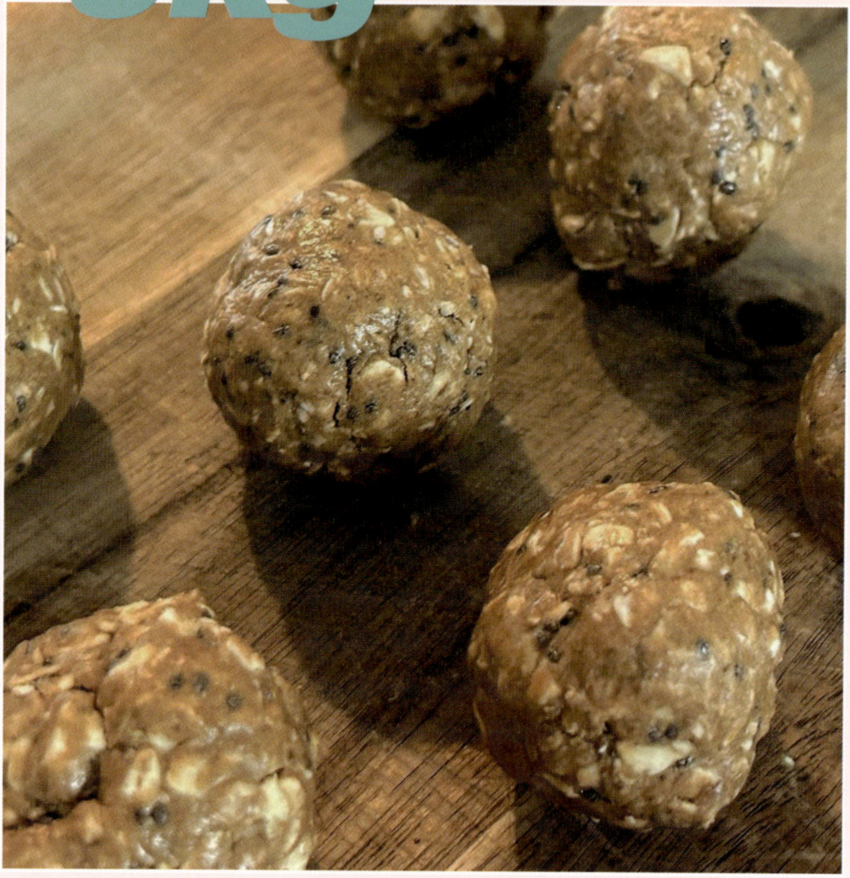

재료 단백질 파우더 3큰술, 오트밀 6큰술, 계핏가루 약간, 치아 시드 약간, 소금 약간, 땅콩버터 2큰술, 알룰로스 5큰술

❶ 볼에 모든 재료를 넣고 잘 섞습니다.

❷ 동그랗게 말아 완성합니다.

❸ 냉장실에 넣어두었다가 먹습니다(냉장 보관).

1week -3kg

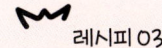

프로틴스콘

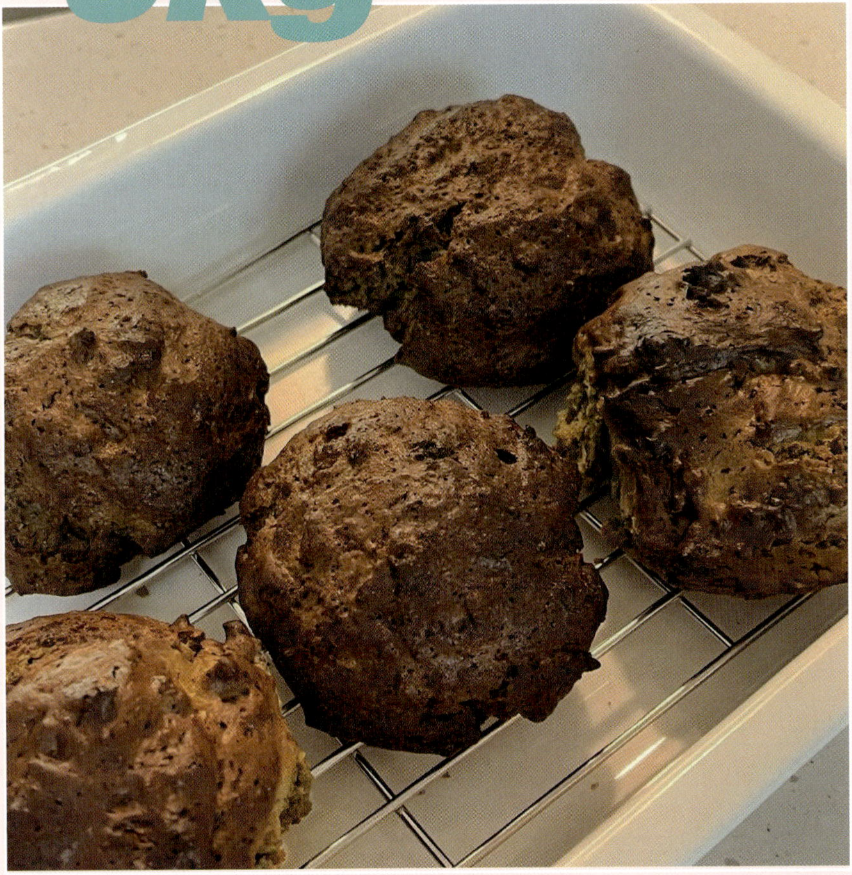

재료 프로틴 파우더 5큰술, 아몬드가루 5큰술, 베이킹파우더 약간, 소금 약간, 스테비아 2큰술, 코코넛 오일 2큰술, 플레인 요거트 2큰술, 알룰로스 2큰술, 달걀 1개

❶ 볼에 프로틴 파우더, 아몬드가루, 베이킹파우더, 소금, 스테비아를 넣고 섞어줍니다.

❷ 코코넛 오일, 요거트, 알룰로스, 달걀을 넣어 한번 더 섞어줍니다.

❸ 동그랗게 빚어 에어프라이어에 넣고 150℃로 10분 돌리고, 140℃로 5분 더 구워주세요.

1week -3kg

레시피 04

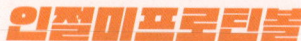

인절미프로틴볼

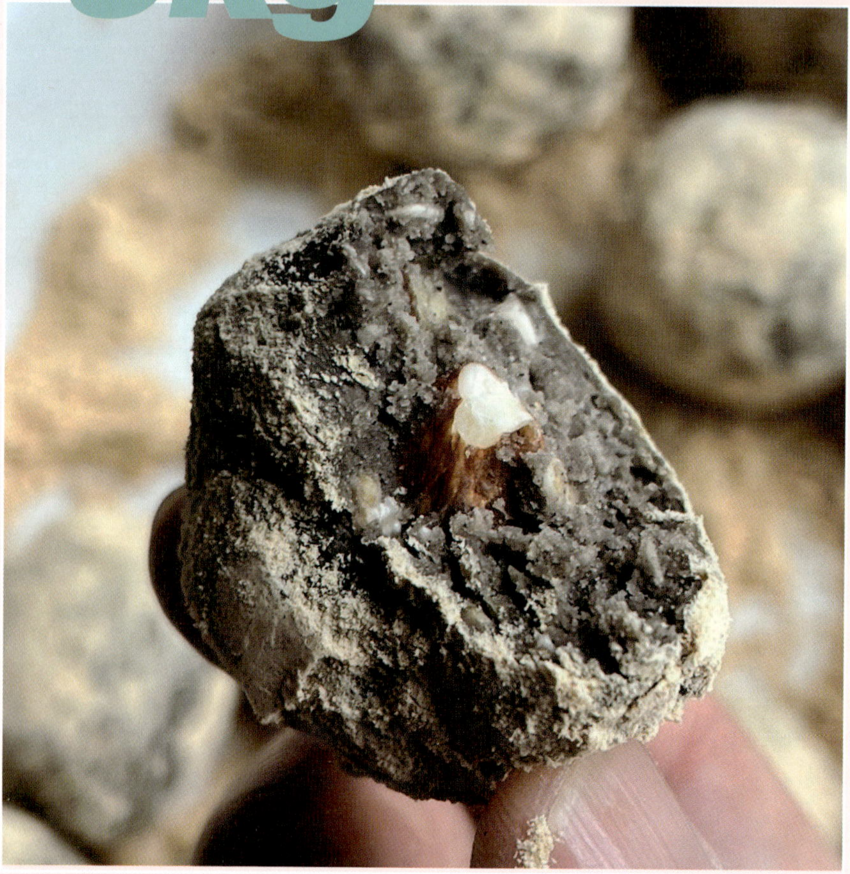

재료 프로틴 파우더 5큰술, 오트밀 3큰술, 코코넛 오일 2큰술, 알룰로스 1큰술, 견과류 약간, 콩고물 약간, 물 약간

❶ 볼에 프로틴 파우더, 오트밀, 코코넛 오일, 알룰로스, 견과류를 넣고 섞습니다.

❷ 물을 조금씩 부어가며 퍽퍽하게 뭉칠 때까지 섞어줍니다.

❸ 동그랗게 빚어 냉동실에 30분간 보관한 후 꺼내서 콩고물을 묻혀줍니다.

1week -3kg

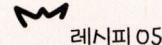

초코프로틴바

 재료   초코 프로틴 파우더 9큰술, 견과류 5큰술, 오트밀 3큰술, 알룰로스 4큰술, 코코넛 오일 2큰술, 무가당 두유 100ml

❶ 볼에 프로틴 파우더, 견과류, 오트밀, 알룰로스, 코코넛 오일을 넣고 잘 섞습니다.

❷ 무가당 두유를 추가한 후 한번 더 섞어줍니다.

❸ 네모난 트레이에 종이 포일을 깔고 반죽을 그 위에 부어 잘 펴줍니다(시중에 파는 단백질 바처럼 조금 두껍게 펼쳐주세요).

❹ 냉동실에 1시간 정도 넣어두었다가 적당한 크기로 잘라 각각 종이 포일로 포장해 냉동 보관합니다.

일주일에
-3kg

Diet Report
다이어트
리포트

다이어트 시작을 다짐한 첫날부터
목표를 달성하고 원하는 몸매와 건강을 쟁취한 마지막 날까지!
다사다난했지만 꾸준했던, 이지테이블의 '1년간의 다이어트 기록'을 공개합니다.

1월 일지

목표를 세우고 습관을 기르자

이달의 목표 평균치를 벗어난 당 수치를 정상화하는 걸 목표로 가벼운 운동과 식단 부터 실천하기

운동 계획 유산소(만 보 걷기) + 복근 운동 20분씩 하기

이달의 식단 포인트 밀가루 섭취 줄이기, 달달한 커피 대신 아메리카노 마시기

이번 주 다짐

① 밀가루 섭취 줄이기
밀가루는 완전히 끊는 건 도저히 안 돼서 줄이기로 했다. 단기로 끝낼 게 아니라 오랫동안 이어갈 습관으로 만들고 싶기 때문에 밀가루를 완전히 배제할 순 없다. 그래서 조금 줄여보기로 했다.

② 많이 걷기
무조건 만 보는 걷자! 비가 오면 계단이라도 오를 거다. 유산소는 가볍게 시작하기로!

③ 영양제 잘 챙겨 먹기
식단과 운동을 병행하면 분명 부족한 영양소가 생길 것이다. 그래서 비타민이나 오메가 3 등 나에게 필요한 영양제를 먹기로 했다.

습관부터 잡자!

다이어트 시작

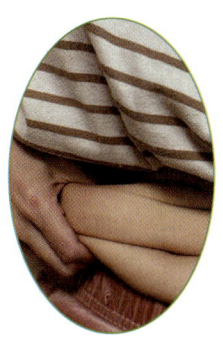

내 키는 168cm, 몸무게는 62kg!

딱 봐도 보통 체격이지만 속살은 탄탄하지 않고, 다리와 배에 지방이 몰려 있다. 건강검진을 했는데 당 수치가 정상 범위를 벗어났다. 일하면서 캐러멜을 입에 달고 살았기 때문인 듯하다. 출근 전 캐러멜 2통을 사서 8시간 근무하면서 다 먹어 댔으니 당이 정상일 순 없겠지. 심각할 정도는 아니지만 아직 젊은데 벌써 이러면 어떡하나 싶다. 몇 년 전부터 당 수치가 불안 불안 했는데 이번 건강검진에서는 눈에 띄게 벗어났으니 관리가 필요하다!

주위에 운동하는 사람이 부쩍 늘어났고, 자기 관리하는 사람도 많다. 막연하게 '나도 해야 하는데' 하는 생각만 했지, 실질적인 행동은 하지 않았다.

나이가 서른을 넘어서 그런지 이번 일을 계기로 건강을 챙기고 싶다는 생각이 든다. 지루한 일상에 변화를 주고, 건강한 습관을 만들고 싶어졌다. 오랫동안 몸에 익은 생활 습관을 버리고 힘들고 불편하지만 건강한 습관을 하나하나 만들려면 꽤 오래 걸릴 것 같다. 그래서 천천히 식단과 가벼운 운동을 통해 당 수치부터 정상화하는 걸 목표로 삼고 시작해보기로 했다. 일단 캐러멜부터 끊어야 한다.

뭐든 목표는 거창하면 끝이 좋지 않으니 식단 조절과 가벼운 운동으로 습관부터 천천히 잡아보도록 하자! 마음을 먹는다는 건 반을 해낸 거나 다름없다.

 **2월 일지**

복근 운동과 유산소 위주의 운동을 계획하자

이달의 목표	조금씩 몸이 가벼워지는 걸 느끼며 운동과 식단을 습관으로 정착시키기
운동 계획	1월과 동일하게 하되, 히프 운동 조금 추가하기
이달의 식단 포인트	하루에 정해둔 양의 간식만 먹기

이번 주 다짐

① 예쁘게 플레이팅해서 식단 하기

일반식보다 맛은 부족하겠지만, 식단도 예쁘게 플레이팅해서 한 끼 한 끼를 소중하게 먹어보자.

② 물 자주 마시기

과연 평소에 물을 얼마나 마실까? 의식하지 않으면 500ml도 채 안 마실 것 같다. 500ml짜리 텀블러에 최소 두 번은 마시자.

③ 운동 시 자극점 생각하기

같은 부위의 운동이라도 다양한 운동으로 여러 자극점에 신경을 집중해보자. 운동은 주어진 시간에 얼마나 제대로, 알차게 하는지가 중요한 거니까. 짧은 시간 하더라도 제대로 하기!

 **다이어트 1개월째**

체형 변화 다이어트에 집중하자!

2월이다. 한 달이 지났다. 처음 2주 정도는 하루하루가 너무 천천히 갔다. 루틴이 완전 달라져 하루하루 적응하기 바빴다. 그래도 일상에 운동과 식단이 어느 정도 자리 잡아가고 있다. 물론 힘들거나 무너질 때도 많지만 괜찮다. 내일 또 하면 되잖아.

달고 자극적인 음식을 먹던 식습관을 바로잡는 건 너무 힘들었다(사실 아직도 힘들다). 돌이켜 보면 하루 24시간 중 잠자는 시간 8~9시간을 제외하고는 활동하고 일하면서도 항상 캐러멜이든 껌이든 오물오물거렸는데, 그걸 못하니까 공허하고 시간이 너무 안 갔다. 생각이 많아지고, 먹지 않는 시간이 이렇게 길었다니 새삼 놀랐다. 그래서 미래를 위해 새로운 걸 배워야겠다는 생각을 했다. 건강 문제로 운동과 식단을 시작했는데, 이제는 체형을 바꿔보고 싶다는 생각이 든다.

내 체형은 정말 별로다. 마음에 안 든다! 통짜 허리에 골반은 없다. 그래서 히프와 복근 운동을 좀 더 열심히 하기로 했다. 라인을 예쁘게 만드는 건 시간이 꽤 걸리는 일이지만, 천천히 목표에 도달하도록 노력해보자!

하루하루 좋은 습관이 모여 더 나은 나를 만든다고 생각하니 뿌듯하고 앞으로의 내가 기대된다.

3월 일지

새로운 도전! 헬스장에 가보자

이달의 목표	헬스장 등록하기

운동 계획	조금씩 근력 운동하기 (루틴은 미정)

이달의 식단 포인트	운동 후 닭 가슴살 꼭 먹기

이번 주 다짐

① 하루에 두 끼는 클린하게 먹기

클린식의 기준은 다양하겠지만 닭 가슴살과 채소 위주, 그리고

흰쌀밥보다는 현미밥을 먹기로 한다.

② 운동 영상 보며 공부하기

유튜브에는 수많은 운동 영상이 있다. 나에게 맞는 것을 찾아 따라

해보자. 웨이트 위주의 영상을 잠깐 봤는데 아주 재미있었다.

③ 간식은 하루에 1개만 먹기

내가 특히 참기 힘든 음식은 과자나 빵이다. 치킨이나 떡볶이 같은 건

잘 참을 수 있는데 과자나 빵은 왜 못 참는 걸까? 못 참으면 참지 말고

먹으면 된다! 그래서 하루에 1개는 내가 먹고 싶은 걸로 먹을 거다!

운동에 욕심이 생긴다

3월이라 기분이 좋다. 포근해서 좋고, 시작하기 좋은 달이라 더 좋다. 2개월 정도 홈트를 해보니 확실히 운동에 욕심이 생겼다. 그래서 아파트 헬스장에 등록해서 천천히 웨이트를 시작했다.

예전에도 헬스장을 3개월간 등록한 적이 있었는데, 너무 지루하고 재미없어서 다섯 번도 채 안 갔다. 그런데 지금은 내가 하고 싶어졌고, 하려는 의지가 생기니 웨이트가 너무 재미있다. 하루 종일 운동 영상 보는 것도 신난다. 자기 전에 영상 보고 그다음 날 따라서 하니 아주 재미있다. 어떻게 마음을 먹느냐에 따라 생각이 달라진다는 게 너무 신기하다.

웨이트는 하루에 30분 동안 하체 위주로 했다. 자세가 생소하지만 처음부터 잘하는 사람은 없잖아. 영상으로 자세를 잘 익혀서 허리에 무리가 가지 않도록 해야겠다.

운동 후에는 꼭 닭 가슴살(단백질)을 챙겨 먹자. 단백질을 챙겨 먹어야 한다고 생각하니 단백질 식품이 궁금해졌다. 보통은 닭 가슴살, 단백질 셰이크 등으로 섭취하던데, 성분이 좋은 걸로 천천히 찾아봐야겠다. 단백질을 너무 많이 섭취해도 몸에 해롭다고 한다. 이것저것 공부할 게 많다. 앞으로 당분간 탄수화물은 줄이고 단백질 위주의 식단을 유지해야겠다.

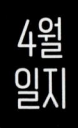

4월 일지

체지방을 줄이자

이달의 목표	체지방 줄이기
운동 계획	웨이트와 유산소를 골고루 균형 있게 하기
이달의 식단 포인트	탄수화물 섭취 조금 줄이기

이번 주 다짐

① 내가 먹는 식단을 기록해보자

나중에 내가 무엇을 얼마나 먹었는지 참고하기 위해 식단을 기록해보기로 했다. 식단 하는 사람들과 공유하면서 서로 배우고, 도움을 주며 응원도 될 테니까.

② 저탄고단 식단 실천하기

체지방을 빼는 데는 저탄고단 식단이 도움이 많이 될 것 같아서 한 끼 식단에 탄수화물 100g, 단백질 100g에 맞춰서 먹기로 했다.

③ 웨이트와 유산소 시간을 정해두고 운동하기

웨이트 운동 40~50분, 유산소는 만 보 걷기나 러닝 30분으로 정하고 꾸준히 해보자. 건강하고 라인이 예쁜 몸매를 만들려면 웨이트와 유산소는 필수인 듯하다.

3개월 만에 당 수치 정상!
식단 기록의 힘!

　이달도 아주 파이팅 넘치게 잘 보낸 것 같다. 물론 약속과 일정으로 식단을 완벽하게 지키지는 못했지만, 나름 성공적이다.

　체중의 변화가 크지는 않지만 눈바디가 좋아졌다. 늘어진 뱃살이 어느 정도 정리되었고 희미하지만 복근도 조금씩 생기기 시작했다. 3개월간 식단을 하고 당 수치 검사를 다시 했는데, 정상 수치로 돌아왔다! 역시 식단의 힘은 대단하다. 내가 먹은 것, 운동하는 만큼 몸이 반응해준다. 몸은 거짓말을 하지 않는다는 게 정말 딱 맞는 말이다.

　나처럼 당 수치가 왔다 갔다 하는 사람들은 식단을 바꿔보는 걸 적극 추천한다. 당분 섭취를 줄이고, 채소 위주의 클린한 식단을 실천하면 분명 빠르게 좋아질 것이다. 그런 의미로 내 식단을 찍어서 저장하기로 했다. 내가 언제 뭘, 얼마나 먹었는지 나중에 볼 수 있으니 좋은 것 같다. 그리고 SNS에 식단 계정을 새로 개설해 업로드했다. 그러다 보니 친구도 생기고 서로 응원하고 도움이 되어서 너무 좋다. 입이 터질 것 같은 날에도 인친들 피드를 보면서 '나도 해야지!' 하면서 조절하는 힘도 더 강해졌다. 맛있는 식단을 보면 저장해두었다가 따라 해 먹기도 한다. 그래, 건강은 건강할 때 지켜야 해! 당 수치는 정상으로 돌아왔으니 이제부터 맛있는 식단을 하면서 내가 원하는 몸매 만들기에 더 집중할 수 있을 것 같다. 소통하며 관리하니 신나고 몸과 마음이 모두 건강해지는 듯한 기분이다.

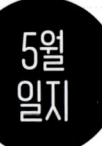

5월 일지

인바디 재는 걸 목표로 하고, 식단과 운동에 집중하자

이달의 목표	인바디 재기(만족하는 수치가 나오도록 더 열심히 관리해보자)
운동 계획	웨이트 중량 조금씩 올려보기
이달의 식단 포인트	새콤한 음식 챙겨 먹기

이번 주 다짐

① **사과식초물 마시기**
일반적인 수분을 섭취하는 것도 중요하지만, 새콤한 사과식초물을 먹으면 지방을 녹이는 역할을 하고, 피부 미용이나 건강 유지에도 도움을 준다니 하루에 1잔은 꼭 먹도록 하자.

② **저녁 6시 이후에는 먹지 않기**
하루에 정해진 칼로리만 먹으면 살이 찌지 않지만, 너무 늦은 시간에 먹지 않는 것도 중요하다. 늦은 시간에 식사를 하면 수면을 방해하고, 소화할 시간이 부족하니 좋을 게 없다. 저녁은 6시 이전에 먹자.

③ **모발 & 두피 관리하기**
탄수화물 섭취를 줄이니 확실히 모발에 힘이 없어지는 듯하다. 영양제를 챙겨 먹는 것도 중요하겠지만, 탄수화물 섭취량을 조금 조절하고 샴푸나 트리트먼트도 바꿔봐야겠다.

수치보다는 내 눈을 믿자!

운동과 식단을 병행한 지도 벌써 5개월이 지나고 있다. 인바디를 재봤는데 결과가 너무 만족스럽다.

근육량이 많이 늘었고, 체지방은 표준 이하로 나왔다. 5개월 동안 들인 노력이 이렇게 수치로 나타나니 뿌듯하고 행복하다. 간호사 선생님이 무한 칭찬해주셔서 너무 기분 좋다! 인정받는 걸 좋아하는 ISFJ답게 앞으로 더 열심히 해야겠다는 의지가 마구마구 생긴다.

주기적으로 인바디를 재기보다 몇 개월에 한 번씩 확인해보는 게 좋을 듯하다. 수치에 집착하면 좋을 게 없으니까. 숫자로 나타나는 수치보다 눈바디가 더 중요하다. 대신 눈바디는 매일 체크할 것! 근육량이 늘어난 데는 고강도 웨이트와 식단의 도움이 컸다.

그런데 다른 고민이 생겼다. 지난 한 달 동안 탄수화물을 줄이면서 모발에 힘이 없어졌다. 탈모 샴푸랑 트리트먼트를 사서 써보기로 했다. 머리숱이 반 토막 난 것까지는 아니지만 많이 얇아지고 없어진 것 같아 속상하다. 탄수화물을 좀 더 챙겨 먹어야겠다. 흰쌀밥보다는 고구마나 잡곡밥 위주로 적정량의 탄수화물 잘 챙기기! 검은콩도 효과가 좋다고 하니 사서 매일 챙겨 먹어야겠다. 하나를 얻으면 하나를 잃게 된다는 것도 운동으로 또 한번 느끼게 되었다.

6월 일지

탄단지를 맛있게 골고루 섭취할 수 있는 음식을 만들어 먹어보자

이달의 목표	맛있게 식단 하기

운동 계획	웨이트 루틴 정해서 하기

이달의 식단 포인트	탄단지 골고루 챙겨 먹기

이번 주 다짐

① **맛있는 식단 만들어 먹어보기**

식단을 기록하면서 여러 사람의 식단을 보게 되는데, 맛있는 식단을 하고 싶어졌다. 만족도 높은 식단을 만들어 먹어봐야겠다.

② **운동 루틴을 짜서 웨이트 하기**

운동 분할은 여러 가지가 있지만 나는 3분할(월·목요일 하체, 화·금요일 등·삼두, 수·토요일 어깨·이두)로 정했다.

③ **비키니를 입어보자**

여름이니까 비키니는 입어야겠지? 이번 주에는 비키니 입은 내 모습을 상상하며 식단과 운동에 조금 더 집중해보자.

맛있는 다이어트 식단을 직접 요리해보자!

맛있게 식단을 할 수 있는 방법을 생각하고 직접 만들어보니 확실히 만족도가 높다. 다이어트 식품은 매번 사이트에서 구매했는데, 직접 만드니 간을 내 맘대로 할 수 있고 내가 원하는 재료를 추가할 수도 있어서 좋다. 맛있게 먹으니 입 터짐도 줄어들었다. 닭 가슴살, 고구마, 채소 위주의 식단보다 살은 찌겠지만 길게 보면 건강하고 맛있는 식단이 나에게 더 잘 맞는 것 같다.

예전에 다이어트할 때는 무작정 굶기만 했다. 고등학교 때 정말 힘든 다이어트를 했는데, 뻥튀기 2봉지와 우유로 하루를 보냈다. 친구들은 그때의 나를 떠올리면 뻥튀기만 생각난다고 한다. 그때는 칼로리도 따지지 않고 막연하게 뻥튀기가 살 빠지는 간식이라고 생각해서 먹었는데, 지금 와서 생각해보면 칼로리가 어마어마한 뻥튀기를 하루에 2봉지나 먹었다니, 대책 없는 다이어트를 한 셈이다.

그동안 안 해본 다이어트가 없었는데, 항상 요요가 왔다. 절식하면 늘 폭식으로 이어지고 그게 요요를 부르니 다이어트는 끝이 나지 않았다. 유지어터는 될 수 없는 다이어터였던 것이다.

예전에 했던 다이어트를 돌아보니 지금 하는 식단이 나하고 가장 잘 맞는 것 같다. 오래 지속할 수 있고, 균형 있고, 건강을 해치지 않는 식단. 앞으로도 더 맛있고 건강하게 식단을 할 수 있게 열심히 공부해야겠다.

7월 일지

유산소 운동을 더 늘려서 '탄탄한 보디라인'을 만들자

이달의 목표	유산소 운동 늘리기
운동 계획	유산소 운동 30분으로 늘리기
이달의 식단 포인트	채소도 골고루 잘 챙겨 먹기

이번 주 다짐

① **계단 25층 두 번 올라가기**
유산소에 걷기도 좋지만 계단 오르기만큼 효과적인 건 없다고 생각한다. 25층을 두 번씩 오르자! 단, 내려올 때는 엘리베이터를 이용한다.

② **디저트는 1개로 해결하기**
요즘 눈바디가 좋아져서 방심했는지 디저트 양이 서서히 늘어나기 시작했다. 디저트는 정해둔 양만 먹도록 하자.

③ **유산균 챙겨 먹기**
자극적인 음식을 줄이고 전체적으로 먹는 양이 줄어드니 화장실 가기가 힘들어졌다. 수분 섭취량을 늘리고 유산균도 꼭 챙겨 먹자!

평생 할 운동, 조급해하지 말자!

큰 부위의 지방은 어느 정도 정리됐다. 그렇지만 아직 옆구리나 허벅지 안쪽, 팔뚝 안쪽 등 처진 살이나 군살은 정리가 잘 안 된다.

그래서 유산소 운동 시간을 좀 더 늘렸다. 웨이트를 시작하면서 헬스장 러닝은 5분으로 끝냈는데, 30분으로 늘렸고 일상생활에서 5000~7000보 정도 걸었는데, 지방을 더 빼기 위해 25층까지 계단 오르기를 추가했더니 확실히 몸이 가벼워지고 체중에도 변화가 있다.

지난달에 입지 못한 비키니를 입고 휴가를 갔는데, 눈바디가 확실히 더 좋아지긴 했다. 그래도 아직 멀었다. SNS에서 라인 예쁜 언니들 보면 부럽기만 하다. 언젠가 나도 누군가의 워너비가 될 수 있겠지?

아직까지 살이 탄탄해지지 않았다. 예쁜 라인을 만들 수 있는 새로운 운동법이 필요하다. 나에게 맞고 내가 원하는 체형을 위해 운동법을 바꿔봐야겠다. 예전에 다녔던 수영도 괜찮을 것 같고 배워보고 싶었던 필라테스도 괜찮을 것 같다. 기구 필라테스는 꼭 한번 배워보고 싶다.

너무 힘든 스케줄은 독이 될 테니 천천히 여유를 두고 시작해야겠다. 운동은 평생 함께해야 하는 것이니, 조급해하지 말자.

8월 일지

군살 정리와 예쁜 라인 만드는 데 좋은 운동 영상을 보며 집중하자

이달의 목표	스트레칭하기
운동 계획	폼 롤러로 꼼꼼히 근육과 지방 풀어주기
이달의 식단 포인트	클린한 탄단지 잘 챙겨 먹기

이번 주 다짐

① 탄수화물 100g, 단백질 100g 맞춰서 식단 해보기

타이트한 다이어트를 할 때는 보통 탄수화물과 단백질을 100g씩 맞춰서 챙겨 먹는 것 같다. 그래서 나도 이번 주만이라도 탄단지 비중을 조절해봐야겠다. 대신 세 끼가 아닌 네 끼를 챙겨 먹기로 한다.

② 유산소는 땀이 날 정도로 해보자

유산소는 보통 걷기나, 산책, 아니면 러닝머신에서 빠르게 걷는 정도의 속도로 했는데, 이번에는 시간도 좀 늘리고 강도도 높여 살짝 뛰거나 땀이 날 정도로 해보자.

③ 스트레칭하기

나는 상체에 비해 하체가 튼실한 편이다. 운동을 하니 이런저런 정보를 알게 되는데, 보통 이런 경우 부종이 원인이라고 한다. 폼 롤러를 이용해 고관절, 하체 스트레칭을 하루에 5분씩 해봐야겠다.

건강한 습관과 함께 자란 자신감!

　사람은 적응의 동물이라고, 이제 건강한 생활 습관이 일상에 잘 스며들었다. 스트레스받지 않는 선에서 식단을 하고, 생리 등이나 이슈가 있을 때는 보상을 주며 맛있는 것도 잘 챙겨 먹으며 지내고 있다.

　이런 건강한 습관들이 내 인생을 제대로 바꿔준 것 같다. 불과 몇 달 전까지만 해도 '자기 관리는 1도 안 하는 사람'이었는데, 관리를 하면서 자신감도 생기고, 하고 싶은 일이 점점 더 많아졌다. 앞으로 난 더 얼마나 성장할까? 마음도 몸도 예쁜 사람이 되고 싶다

　근력 운동 후 폼 롤러를 이용해 허벅지 안쪽, 허리, 등, 어깨 등을 풀어주었다. 하루에 10분 정도 하고 있는데, 라인을 정리하는 데 도움이 되는 것 같다. 처음엔 너무 아파서 힘들었는데, 일주일 정도 하니 확실히 독소(?)가 빠져서 그런지 부담스럽지 않다. 웨이트를 하면서 경직되었던 근육을 풀어주니 한결 좋다.

　혼자 웨이트를 하는 건 확실히 한계가 있다. 지금 하고 있는 자세가 맞는지, 특정 부위를 발달시키려면 어떤 운동을 해야 하는지 알 수가 없기 때문에 더 성장하지 못하는 것 같다. 그렇다고 PT를 받고 싶은 마음은 아직 들지 않는데, 뭔가 변화를 줘야 할 것 같다는 생각은 든다.

9월 일지

체형 교정과 보디라인 정리를 위해 필라테스를 추가로 해보자

이달의 목표	군살 정리하기
운동 계획	필라테스 운동 추가(주 3회)
이달의 식단 포인트	식단은 기본적으로 늘 하겠다는 마음으로 맛있고 건강하게

이번 주 다짐

① **필라테스에 집중하기**
운동을 하다 보니 내 체형이 바른 체형은 아니라는 생각이 든다. 골반도 많이 틀어져 있고 운동을 열심히 하는 만큼 라인이 나오지 않는다.

② **조금 더 클린한 탄단지로 먹어보자**
구운 레시피 위주의 식단보다 찌거나 삶는 조리법 위주로 탄단지를 잘 챙겨 먹어야겠다. 그래도 디저트는 절대 포기 못해서 딱 1개씩만 먹으려 한다.

③ **체지방 감소에 좋은 영양제 챙겨 먹기**
보디 프로필을 찍거나 대회에 나갈 건 아니지만, 체지방을 줄이고 근육을 키우는 방법이 궁금해졌다. 그래서 체지방 감소에 도움을 주는 제품을 챙겨 먹어보려 한다. 근육량은 단백질을 잘 먹고 운동할 때 무게만 더 조절해주면 도움이 많이 될 것 같다.

다이어트 8개월째

지금껏 소홀했던 내 체험과 자세에 집중하자!

　운동을 해보니 처지거나 탄탄하지 않은 라인은 스트레칭이나 웨이트를 오래 해야 정리될 것 같다는 생각이 든다. 그래서 기간을 길게 잡고 꾸준히 운동해야겠다고 다짐했다.

　예전에는 내 체형에 크게 관심이 없었다. 단지 친구들에 비해 엉덩이가 작다는 생각만 했지 크게 신경 쓰지 않았다. 바지를 입으면 엉덩이 부분이 남아서 주로 치마를 입었다. 그때는 왜 운동을 해보려는 생각을 하지 않았던 걸까? 지금의 나는 이렇게 열성적으로 운동을 하고 있는데….

　골반은 뼈라 키울 수는 없지만 그 주위 근육을 키워서 시각적으로 라인이 예뻐 보이도록 해야겠다. 주위에 운동하는 언니들한테 물어보니 보통 중둔근 운동 위주로 많이 해야 한다는데, 중둔근 키우기가 무척 힘들다고 한다. 넘어야 할 산이 너무 많다. 그래도 아빠를 닮아 키는 커서 다행이다.

　필라테스를 한 달 정도 다니고 있는데 웨이트와 홈트를 꽤 해서 그런지 선생님께서 코어 힘이 좋다고 칭찬해주셨다. 그러면서 척추측만증이 있고 골반이 많이 틀어져 있다고 하셨다. 역시 예상대로다. 오랫동안 다리 꼬는 습관, 삐딱하게 서 있는 습관이 골반이 틀어지게 만든 것 같다. 필라테스 자세를 할 때도 한쪽으로 기울어지거나 한쪽 힘이 유독 약한 걸 보니 내 체형에 대해 고민이 더 많아졌다.

10월 일지

이제까지 해온 것을 잘 유지하자

이달의 목표	'운태기'가 왔을 때 지금 하고 있는 루틴을 조금 느슨하게 하되 꾸준히 하며 유지 잘하기
운동 계획	운동+식단 유지 잘하기
이달의 식단 포인트	남이 만든 샐러드 잘 이용하기

이번 주 다짐

① 외식 & 배달 음식은 샐러드로 먹기

원래 배달 음식은 잘 안 먹지만 일부러라도 이번 주는 배달 음식을 시켜 먹어봐야겠다. 대신 샐러드나 클린한 일반식으로 먹자.

② 채소 많이 먹기

맛있는 레시피로 식단을 하면서 채소 섭취량이 확실히 줄어들었다. 생 채소를 깨끗이 씻어서 맛있게 먹어야겠다.

③ 피부 관리하기

홈케어 기기를 이용하거나 관리실에서 피부 관리를 해야겠다. 운동하니 살이 빠져서 그런지 얼굴 피부가 안 좋아졌다. 운태기가 왔을 때는 약간의 변화가 열심히 하게 만드는 원동력이 되기도 한다. 몸만큼 얼굴에도 신경 쓰자.

다이어트 9개월째

오늘 하루 쉬고 싶은가? 그렇다면 헬스장에 가서 쉬어라!

　운동을 시작한 지 벌써 10개월이나 지났다. 웨이트는 중간에 한번도 쉬지 않고 잘해오고 있었는데, 약간의 운태기가 온 것 같다. 이럴 때는 쉼이 필요하다. 지칠 때 "그래도 무조건 열심히 해야 돼!"라고 채찍질하기보다는 식단이든 운동이든 약간 느슨하게 여유를 주는 것이 좋다. 그렇다고 아예 다 놓아버리면 안 된다! 그래서 느슨하게 운동을 하더라도 일단 헬스장에 출근했다. 그리고 식단도 하루에 두 끼를 클린하게 먹었다면 한 끼만 클린하게 먹는 등 자신이 충분히 만족할 수 있는 선물을 준다.

　중학교 끝날 때쯤 줄넘기로 처음 운동을 시작했다. 그때는 몸무게가 75kg까지 나가서 살 빼는 게 시급했다. 500개로 시작한 줄넘기는 하루에 1만 5000개로 늘어났고 땀이 흠뻑 날 정도로 운동을 했다. 그렇게 3년 정도 해서 몸무게가 72kg에서 40kg대로 떨어졌다. 그런데 그 기간에 좋지 않은 이슈로 스트레스가 최고치여서 운동을 완전 놔버렸고, 한없이 부지런했던 나는 한없이 나태해졌다. 지금은 상황이 다르지만 운동을 쉬면 또다시 아예 안 하게 될 거라는 생각과 걱정이 든다. 흐름이 끊기면 포기하게 되니, 운동을 열심히 하지 않더라도 일단 헬스장에 가는 것이 중요하다.

11월 일지

파트너 운동을 조금 추가해 운동에 활기를 주자

이달의 목표	하지 않았던 웨이트 추가하기
운동 계획	일주일에 1회 파트너 운동하기
이달의 식단 포인트	포만감 큰 음식 위주로 먹기

이번 주 다짐

① 포만감 큰 식단 위주로 먹기

양배추, 두부, 볶음밥 등등 포만감은 크면서 살은 빠지는 식단으로 먹어보자. 치아 시드를 이용한 요거트볼도 아주 좋은 것 같다.

② 체중계 멀리하기

근육량은 늘고 체지방은 줄어들면서 눈바디에는 변화가 있지만, 체중은 변화가 없다. 체중은 숫자일 뿐인데 알면서도 자꾸 집착하게 된다. 매일 아침 체중 확인하는 것은 잠시 접어두고 눈바디에 집중하자.

③ 파트너 운동 집중하기

확실히 혼자 하는 운동도 좋지만, 친구와 파트너 운동을 하니까 운동이 더 잘된다. 잘못된 자세를 고칠 수 있고 그 덕분에 새로운 자극점도 생겼다.

건강한 경쟁은 나를 더 건강하게, 더 슬림하게 만든다!

운태기가 잘 지나갔다. 한 달 정도 느슨하게 운동했지만, 그것이 아주 좋은 약이 되었다. 또다시 파이팅 넘치게 운동하게 되었으니 내 근육들도 다시 파이팅 넘칠 거다! 운태기에 운동을 완전히 놓지 않았던 것에 대해 스스로 칭찬한다.

혹시라도 운태기가 왔다면 일단 헬스장으로 출근하라. 한 달 동안 운동을 느슨하게 하니까 희한하게 오히려 몸무게가 조금 줄었다. 지방이 아닌 근육이 빠졌기 때문인 듯하다. 예전에는 몸무게가 빠지면 마냥 좋아했는데 '헬린이'가 되니까 몸무게 빠지는 게 그렇게 달갑지는 않다.

이달에는 친구와 파트너 운동을 조금씩 해보기로 했다. 매번 혼자 했는데, 같이 하니까 확실히 좋다. 자세를 봐주기도 하고 서로 번갈아가면서 웨이트를 하니까 재미있다. 확실히 자극이 됐고, 괜한 경쟁심(?)이 발동해 더 잘하고 싶은 욕심도 생겼다(역시 난 욕심쟁이). 그동안 쓰지 않았던 운동기구도 활용해봤다. 예를 들어 하체 운동을 할 때 늘 하던 운동 4~5개만 돌려가며 했는데, 사용하지 않았던 기구도 써봤다. 그랬더니 한동안 느껴지지 않았던 근육통이 왔다. 내가 키우고 싶은 근육을 타깃으로만 운동할 게 아니라, 여러 운동을 병행하면서 근육을 전체적으로 키워야겠다는 생각이 들었다. 며칠간 근육통으로 절뚝거리니 기분이 너무 좋았다. 이런 게 근육 변태라고 하던데, 나는 확실히 변태가 맞다. 운동을 편식하지 않아야겠다는 생각도 들었다.

12월 일지

건강한 탄수화물로 에너지를 확실히 챙기자

이달의 목표	건강하고 탄탄한 식단 하기
운동 계획	고반복 운동 진행하기
이달의 식단 포인트	탄수화물 더 잘 챙겨 먹기

이번 주 다짐

① 탄수화물 잘 챙겨 먹기

운동하면서 최근에 느낀 점이 있다. 단백질 섭취도 중요하지만 탄수화물 섭취도 너무 중요하다는 것이다. 매일 건강한 탄수화물을 잘 챙기기로 했다.

② 운동 속도 낮추기

운동 속도가 남들보다 빠르다는 생각이 든다. 동작 하나를 하더라도 천천히 자극을 느끼면서 하는 걸 습관화해야겠다.

③ 더 큰 헬스장 등록하기

아파트 헬스장 기구로는 부족하다. 더 큰 헬스장에 등록해 다양한 운동을 해보자.

나는 늘 그래 왔듯
잘할 거고 잘될 것이다!

아파트 헬스장은 아무래도 한계가 있어서 새로 오픈한 대형 헬스장에 등록했다. 이미 운동이 일상이 된 만큼 과감히 2년 치를 등록해버렸다. 2년 동안 열심히 쇠질을 해야 한다. 너무 뿌듯하다. 새로 등록한 헬스장은 신세계다. 기구도 무척 많고, 유산소 운동이나 프리 웨이트 존도 어마어마해서 첫눈에 반했다. 이렇게 운동 환경을 한 번씩 바꿔주는 것도 운동을 꾸준히 하는 데 큰 도움이 되는 듯하다. 요즘은 헬스장 가는 게 너무 신난다. 오늘은 뭘 할까? 어떤 기구로 자극을 줄까?

운동을 한 지도 벌써 1년이 넘었다. 일상이 되어버린 식단과 운동은 나에게 아주 큰 변화를 주었다. 하루 식단 기록용 계정에서 많은 사람들의 응원을 받았고, 다니던 직장을 잠시 그만두고 새로운 인생에 도전할 수 있었다! 운동과 식단으로 모든 게 변했다. 일단 몸이 변했고, 생각도 관심사도 변했다. 나를 보는 시선과 내가 스스로를 대하는 태도도 달라졌다.

작은 계기가 인생을 바꾼다는 게 너무 신기하다. 마음을 건강하게 먹으면 모든 에너지가 나를 건강하게 바꾸는 데 도움을 주는 것 같다. 앞으로도 꾸준히, 그리고 신선한 변화도 조금씩 줘가며 전진해야겠다.

1week
−3kg

Easy Recipe 01

양배추김밥

15분

양배추김밥으로 배부르고 맛있게 다이어트하세요. 양배추는 포만감이 크고 식이 섬유가 풍부해서 다이어트 식재료로 훌륭하죠. 데친 양배추는 더 달콤하고 부드러워서 여러 재료를 넣고 말아주면 맛있고 건강한 김밥을 만들 수 있어요. 부담 없고 속도 편한 양배추김밥으로 건강하게 한 끼 먹자고요!

······▶ **page 128**

Easy Recipe 02

양배추고구마전

양배추와 고구마는 정말 잘 어울려요. 양배추의 부드러움과 고구마의 달달함이 가득한 양배추고구마전 하나면 반나절이 든든하죠. 포만감 크고 맛도 최고! 달걀, 고구마, 치즈를 넣어 탄단지까지 완벽하게 갖추어 한 끼 식사로도 충분합니다.

⋯⋯⋯➤ **page 128**

Easy Recipe **03**

15분

양배추토스트

쫄깃한 양배추토스트는 식감이 쫀득하고 아삭해서 계속 먹게 됩니다. 닭 가슴살에 달걀까지 넣어 단백질이 가득하죠. 퍽퍽한 닭 가슴살도 이렇게 만들면 얼마든지 맛있게 먹을 수 있어요.

┈┈┈▶ **page 130**

Easy Recipe **04**

양배추닭가슴살찜

20분

쪄서 먹는 요리를 좋아한다면 양배추와, 닭 가슴살을 함께 쪄서 드셔보세요. 청양고추를 넣은 간장소스와 함께 같이 먹으면 매콤 담백한 게 최고에요. 밥과 닭 가슴살을 넣어 식감이 부드럽고 쫄깃해요. 영양 만점 양배추닭가슴살찜으로 건강하게 한 끼 해결하세요.

┈┈▶ page 130

Easy Recipe 05

양배추만두

20분

밖에서 파는 만두가 생각날 땐 양배추만두를 만들어보세요. 라이스페이퍼로 감싼 만두는 쫄 깃해서 일반 만두보다 훨씬 맛있어요. 파기름까지 듬뿍 낸 양배추만두는 풍미까지 최고예요.

·······▶ page 132

Easy Recipe **06**

15분

양배추토르티야

저는 빵이나 밀가루 음식이 먹고 싶을 때 토르티야를 만들어요. 토르티야와 양배추의 궁합이 생각보다 좋답니다. 한 끼 만족도가 높아야 입 터짐을 막을 수 있으니 양배추 토르티야를 꼭 한번 해 먹어보세요.

┈┈▶ page 132

Easy Recipe **07**

양배추목살볶음

15분

생리 전 뭐든 마구마구 먹고 싶을 때 양배추목살볶음으로 한 끼 해결해보세요. 양배추를 가득 넣어서요! 고기로 한 끼를 먹고 나면 확실히 든든해서 입 터짐도 금방 사라져버려요!

┈┈┈▶ **page 134**

Easy Recipe *08*

양배추샌드위치

15분

빵 없어도 맛있는 양배추샌드위치! 빵을 먹는 것처럼 든든하고 부드러워 너무 맛있어요! 질리지 않고 두 번 세 번, 열 번도 먹을 수 있는 레시피랍니다.

┈┈▶ **page 134**

Easy Recipe 09

찐양배추비빔밥

15분

데친 양배추에 두부를 넣고 슥슥 비벼서 먹어보세요. 부들부들한 식감, 맛 모두 한번 먹으면 잊을 수 없어요. 양배추의 아삭한 식감도 좋지만, 저는 쪄낸 보들보들한 양배추도 너무너무 좋아하거든요. 거기에 두부를 으깨서 비빔장에 비벼 먹으면 완전 꿀맛! 따지고 보면 단백질은 두부 1/2모인데도 정말 배부른 레시피예요.

········▶ page 136

Easy Recipe 10

두부참치배추롤

20분

꼭 해 먹어야 하는 레시피. 정말 맛있으니 두 번, 세 번, 열 번 말아 드세요. 반찬으로도 식단으로도 너무 훌륭해요. 재료도 간단하고 만들기도 간편한데, 맛은 정말 최고예요. 간장과 참기름을 넣어 만든 소스에 찍어 먹는 순간 ! 세상 행복해져요. 알배추 한 통은 순삭입니다.

······▶ page 140

Easy Recipe *11*

두부피자

20분

피자가 먹고 싶을 땐 무조건 만들어보세요. 밀가루 도 대신 두부 위에 여러 재료를 올려 구워 내면 일반 피자와 비슷한 맛이 나거든요. 고기는 닭 가슴살 소시지로 대체하고 피망, 할라피 뇨까지 올리면 영락없는 피자에요. 비주얼도 예뻐서 눈도 행복하고 입도 행복하답니다.

······▶ **page 140**

Easy Recipe 12

연두부치즈구이

15분

연두부의 새로운 변신! 연두부에 치즈를 올려서 에어프라이어에 구워 먹으면 색다른 연두부
요리가 완성돼요. 속이 몽글몽글 보들보들해서 너무 맛있어요. 간이 심심하다면 간장소스나
스리라차소스를 뿌려도 아주 좋아요.

······▶ page 142

Easy Recipe **13**

두부롤케이크

20분

이미 유명한 두부롤케이크는 레시피가 다양하지만, 저는 기존 레시피에 재료를 약간 추가한 두부롤케이크를 만들어봤어요. 코코아 파우더를 넣어 입 터짐 방지에 아주 훌륭한 간식이죠. 얼려 먹으면 아삭아삭 아이스크림 같기도 하고, 살짝 녹으면 부드러워 롤케이크 같기도 한 건강한 다이어트 레시피랍니다.

⋯⋯▶ page 142

Easy Recipe **14**

두부참치비빔밥

10분

인기 많은 맛있는 두부참치비빔밥! '참치+두부'는 두말할 필요 없는 조합이죠. 이 맛있는 조합
에 여러 채소를 비벼서 먹어보세요. 한 그릇 뚝딱 먹으면, 배는 부른데 다음 날 살은 빠져 있
는 신기한 비빔밥 레시피예요.

┈┈▶ **page 144**

Easy Recipe 15

두부프리타타

30분

다이어트 중에 누군가를 초대해야 한다면? 두부프리타타는 다이어트하지 않는 사람들도 좋아할 레시피예요. 예쁘기도 하지만 고단백 레시피라 아주 든든하죠.

······▶ **page 144**

Easy Recipe 16

20분

밥은 없지만 먹으면 든든하고 맛있는 두부유부구이를 소개합니다. 유부에 두부와 크래미를 넣어서 든든하고, 살짝 구워서 일반 유부초밥보다 훨씬 맛있어요. 와사비까지 콕 찍어 먹으면 꿀 조합이죠. 자칫 느끼할 수 있는 두부유부구이가 산뜻해질 거예요.

▶ page 146

Easy Recipe 17

두부김밥

15분

탄수화물은 줄이고 단백질은 높인 저탄수고단백 김밥이에요. 단단한 두부를 으깨서 물기를 쫙 뺀 후 밥이랑 섞어 말아주면 맛있게 먹을 수 있어요. 만약 두부의 수분을 빼기 어렵다면 마른 팬에 두부와 밥을 섞어 볶아서 수분을 날려주세요. 청양고추를 넣었더니 알싸하니 매콤하고 맛있어요. 이거 한 줄이면 반나절 든든하답니다.

·······▶ page 146

Easy Recipe 18

두부치즈그라탱

15분

고추참치를 이용해 두부치즈그라탱을 만들어보세요. 반해버릴 만큼 맛있어서 적극 권하는 레시피예요. 오트밀과 달걀, 두부까지 들어 있어 탄단지를 제대로 갖춘 완벽한 한 끼 식사이기도 하죠. 다이어트 식단인데 이렇게 맛있어도 될까 싶을 정도예요. 만들기도 쉽고 만족도도 높은 레시피니 꼭 해 드세요.

⋯⋯▶ **page 148**

Easy Recipe 19

15분

겨울이면 길거리 음식 중 제일 당기는 게 호떡이에요. 고구마를 이용해 고구마호떡을 구워봤어요. 밀가루를 넣지 않아 속이 편안하고, 설탕 대신 알룰로스를 사용해 칼로리를 대폭 낮추었어요. 단맛은 덜하지만 길거리 호떡 부럽지 않은 건강한 맛의 호떡입니다.

······▶ page 152

Easy Recipe 20

고구마달걀빵

너무 맛있어서 자주 해 먹었던 레시피예요. 바삭바삭 구워낸 통밀 식빵에 부드러운 고구마와 달걀까지 올려 찰떡궁합 맛을 내죠. 한입 먹었더니 길에서 파는 달걀빵 맛이 나더라고요. 노슈거 케첩까지 듬뿍 올려 먹으면 행복 가득입니다.

page 152

Easy Recipe 21

고구마에그타르트

20분

음식 만들어 먹는 게 어렵고 귀찮다면 그러지 않아도 힘든 다이어트를 포기하고 싶을지도 몰라요. 간단하게 만들 수 있는 고구마에그타르트는 건강하고 맛있는데 부담은 없는 다이어트 타르트예요. 탄단지 조합에 맛까지 있어 단백질 셰이크랑 같이 먹어도 좋아요. 고구마에 달걀에 치즈까지 더해 구워냈으니, 어떤 맛일지 상상이 되시죠?

┈┈▶ **page 154**

Easy Recipe **22**

달걀고구마피자

20분

감량기에 먹으면 좋은 간단한 달걀고구마피자! 피자에 꼭 도를 사용해야 맛있을까요? 도가 없어도 정말 맛있어요. 달걀이 도를 대신해주니까요. 만들기도 엄청 쉬운데 먹는 건 더 쉽죠. 겉바속촉 달걀고구마피자, 꼭 만들어 드세요!

·······▶ **page 154**

Easy Recipe 23

고구마달걀컵케이크

15분

에어프라이어나 오븐 없이 전자레인지로 만들 수 있는 초간단 고구마달걀컵케이크. 밑재료를 준비해 전자레인지로 4분 동안 돌리면 완성됩니다. 닭 가슴살까지 넣어 단백질이 가득합니다. 모양까지 예뻐 먹으면 행복해지는 레시피죠.

⋯⋯▶ page 156

Easy Recipe **24**

15분

고구마에 김치는 누구나 잘 아는 조합이죠. 밥 대신 고구마를 으깨 넣고 거기에 달걀까지 넣어 묵은지에 말아봤어요. 양념을 따로 하지 않아도 맛있고, 아삭한 식감까지 더해서 부담 없이 두 줄도 충분히 먹을 수 있죠. 집에 묵은지가 있다면 꼭 해 먹어보세요.

┄┄┄▶ **page 156**

Easy Recipe 25

20분

다이어트 중 꼭 먹어야 하는 고구마에그슬럿. 고구마에 삶은 달걀을 넣고 라이스페이퍼로 감싸 구워 정말 맛있어요. 겉은 바삭하고 속은 촉촉한 데다 식감은 쫄깃하죠. 2개 먹으면 아주 든든하니 그 이상은 먹지 않기!

••••••▶ **page 158**

Easy Recipe 26

10분

고구마와 닭 가슴살 햄만 있으면 아주 근사한 다이어트 요리가 탄생해요. '요알못'도 쉽게 따라 할 수 있는 간단하고 맛있는 레시피입니다. 치즈까지 추가했더니 감동적인 맛이 납니다. 닭 가슴살 햄은 보통 샌드위치 한번 만들어 먹고 나면 할 게 없잖아요. 이렇게 고구마를 넣어 말아서 굽기만 하면 새로운 맛의 식단이 탄생한답니다.

······▶ page 158

Easy Recipe 27

찐고구마피자

15분

또 하나의 초간단 다이어트 레시피, 통째로 집어 먹는 고구마피자. 너무 맛있어서 눈물이 납니다. 고구마는 굽지 말고 쪄서 위에 토핑을 올려보세요. 식감이 확실히 부드럽고 촉촉합니다. 좋아하는 소스를 발라서 구우면 되는데, 저칼로리 바비큐소스를 뿌리면 더 맛있어요. 다이어트할 맛 나는 레시피입니다.

┈┈▶ page 160

Easy Recipe **28**

닭가슴살오이탕탕이

15분

'오이 러버'라 오이탕탕이는 못 참아요. 시원하게 먹을 수 있는 닭가슴살오이탕탕이는 여름 메
뉴로 딱입니다. 마늘을 많이 넣어 알싸하고, 들기름을 듬뿍 넣어 고소해요! 닭 가슴살과 오이
의 조합이 최고라는 사실을 또 한번 확인하게 해주죠. 간단하게 단백질까지 챙길 수 있어서
더 좋은 레시피랍니다.

·····▶ **page 164**

Easy Recipe 29

꾸덕닭가슴살카레라이스

15분

약간은 색다른 것이 먹고 싶을 때 만들어보세요. 식감이 몽글몽글하고 꾸덕해서 정말 맛있게 먹을 수 있을 거예요. 일반 카레라이스에 비해 고소한 맛이 강하죠. 만드는 법도 쉬워서 후다닥 완성할 수 있어요.

······▶ **page 164**

Easy Recipe 30

에그닭가슴살케이크

20분

다이어트하는 친구들에게 해주고 칭찬 많이 받은 레시피예요. 예쁘고 귀엽고 맛있어서 손님
용 요리로도 인기 폭발이죠. 스리라차소스나 노 슈거 케첩을 뿌려 먹으면 훨씬 맛있어요.

▶ page 166

Easy Recipe **31**

닭가슴살스테이크

20분

냉동 닭 가슴살 스테이크 사 먹지 마세요. 집에서 간단하게 만드는 방법이 있으니까요. 저는 구하기 쉬운 재료로 후다닥 요리하는 걸 좋아하는데, 이것도 간단하게 만들 수 있으니 꼭 한 번 도전해보세요. 노 슈거 케첩을 듬뿍 뿌려 먹으면 더 꿀맛! 오트밀까지 들어 있으니 탄수화물은 패스하는 것, 잊지 마세요.

·······▶ page 166

Easy Recipe **32**

닭가슴살고구마유부초밥

15분

다이어트 유부초밥에 두부만 넣었다면 이번에는 고구마를 넣어보세요. 두부를 넣는 것보다 훨씬 맛있고 달콤하고 든든해요. 닭 가슴살 소시지에 치즈까지 올려주면 탄단지까지 완벽합니다. 다이어트 유부초밥은 이제 이걸로!

······▶ **page 168**

Easy Recipe 33

닭가슴살가지그라탱

20분

닭 가슴살 소시지와 가지로 만든 다이어트 가지그라탱이에요. 가지를 싫어하는 분도 이건 자주 해 먹게 될 거예요. 맛있으니까! 저는 가지무침을 좋아하는데, 그라탱으로 해 먹으니 훨씬 더 맛있더라고요.

······▶ page 168

Easy Recipe **34**

닭가슴살달걀밥롤

15분

보기엔 그냥 달걀말이 같지만 현미밥에 닭 가슴살 소시지까지 넣어 만든 든든한 달걀밥롤이에요. 다이어트한다고 굶지 마세요. 탄단지를 잘 챙겨 먹어야 살이 더 잘 빠집니다. 이거 한 줄이면 한 끼 맛있고 건강하게 해결할 수 있으니 '꿀 이득'! 달걀 요리에는 케첩을 빼놓으면 안 되니, 노 슈거 케첩으로 더 건강하고 맛있게 챙겨 드세요.

······▶ page 170

Easy Recipe 35

15분

애호박 안 좋아하는 분도 이건 아주 맛있게 먹을 수 있을 거예요. 팽이버섯까지 넣어 아삭한 식감까지 추가! 애호박이 닭 가슴살과 이렇게 잘 어울린다니, 저도 이거 해 먹기 전까지는 몰랐어요. 무조건 따끈할 때 먹어야 해서 도시락보다는 집에서 바로 해 먹는 걸 추천합니다.

┈┈┈▶ **page 170**

Easy Recipe 36

치킨가스.

15분

바삭한 돈가스가 생각날 때 해 먹는 치킨가스. 돈가스가 당길 땐 이 레시피를 꼭 기억해주세요. 빵가루, 밀가루 없어도 됩니다. 우리에겐 건강한 오트밀가루가 있으니까요. 저칼로리 바비큐소스를 듬뿍 찍어 먹었는데, 너무 맛있어서 소리를 질렀습니다. '부먹' 좋아하는 분은 구운 치킨가스에 바비큐소스를 뿌려서 드세요. 촉촉하고 맛있을 거예요.

......▶ **page 172**

Easy Recipe 37

프로틴라테

5분

커피는 마셔야겠고, 단백질도 채워야 한다면 프로틴라테를 드세요. 저는 커피를 꼭 마셔야 하는데, 단백질 파우더까지 넣으니 단백질과 카페인을 한꺼번에 채울 수 있어 너무 행복하더라고요. 프로틴 파우더 특성상 포만감도 커서 오랫동안 든든해요. 우유 대신 무가당 두유를 사용해 지방을 줄일 수 있어 더 좋답니다.

┈┈┈▶ **page 176**

Easy Recipe 38

블루베리스무디

10분

화장실을 제대로 못 간다면 블루베리스무디를 만들어 먹어보세요. 효과 정말 좋아요! 거기다 탄단지까지 완벽한 스무디라, 한 끼 식사로도 충분하죠. 저는 아침에 자주 갈아 마시는데, 마시고 나면 배가 부르고 화장실도 잘 가게 되더라고요. 제게는 없어서는 안 될 소중한 레시피예요.

┈┈▶ **page 176**

Easy Recipe 39

꾸덕프로틴브라우니

20분

정말 생리 직전 입 터짐은 아무도 못 말리는데, 초코나 땅콩버터를 먹으면 생각보다 쉽게 해결되더라고요. 그래서 저는 단 게 당길 때 꾸덕한 프로틴브라우니를 먹어요. 여러분도 한번 만들어서 두유나 커피랑 함께 먹어보세요. 식감이 꾸덕꾸덕 쫄깃쫄깃한 데다 속세 디저트보다 건강에도 훨씬 좋으니 안 먹을 이유가 없겠죠?

┈┈▶ page 178

Easy Recipe 40

프로틴파운드

30분

1일 1디저트 하는 저는 빵, 쿠키는 정말 못 참아요. 그런 의미에서 단백질 가득한 프로틴빵을 만들어봤는데, 아주 성공적이었어요. 바나나를 넣어서 달달하고 탄단지 구성이 알찬 프로틴 파운드예요. 당류 함량은 낮고 단백질 함량은 높아서 제가 딱 선호하는 성분의 파운드죠. 두 번, 세 번 해 드세요.

┈┈▶ page 178

Easy Recipe *41*

프로틴크림베이글

15분

요즘 베이글이 핫하죠? 통밀 베이글에 프로틴 크림을 만들어 올려 먹으면 꿀맛이에요. 베이글의 쫀득 바삭한 식감과 부드럽고 달달한 프로틴 크림의 조합은 정말 찰떡이에요. 하나만 먹어도 배부를 만큼 포만감이 크죠. 저는 탄단지를 잘 채운 식단을 좋아하는데, 디저트도 마찬가지예요. 그래야 든든해서 폭식으로 이어지지 않거든요.

┈┈┈▶ **page 180**

Easy Recipe *42*

15분

달달한 인절미토스트. 먹는 내내 감탄이 절로 나오더라고요. 달콤한 것은 물론 프로틴가루와 콩가루를 넣어 고소하고 맛있어요. 최고 중의 최고인 디저트니 꼭 아이스 아메리카노랑 드세요. 아주 행복해집니다.

······▶ page 180

Easy Recipe 43

10분

프로틴 파우더를 넣은 레시피 중 Top 5 안에 드는 레시피. 아침 메뉴로도 너무 좋고, 포만감도 커서 정말 사랑하는 레시피예요. 탄단지 완벽한 데다 맛도 최강이라 아침이 기다려지는 레시피입니다. 오트밀, 치아 시드가 들어 있어 탄수화물을 챙길 수 있고 땅콩버터까지 넣으면 반나절이 든든해요.

········▶ page 182

Easy Recipe 44

프로틴흑임자죽

15분

한 끼로 너무 좋은 프로틴흑임자죽! 바쁜 아침에 조금만 일찍 일어나서 해 먹으면 점심때까지 든든할 거예요. 다른 곡물가루는 넣지 않아도 돼요. 프로틴가루를 사용해 단백질까지 챙길 수 있어서 더 좋아요. 프로틴 2큰술로는 부족해서 땅콩버터까지 추가했더니 더 고소해졌어요.

······▶ page 182

Easy Recipe 45

오트밀달걀김밥

15분

밥 대신 오트밀을 넣어 김밥을 만들어보세요. 오트밀은 일반 쌀보다 GI 지수가 낮아 빠르게 당이 올라가지 않아 건강에 좋은 식재료예요. 그래서 저는 오트밀로 탄수화물을 대체하기도 해요. 오이랑 참치도 넣어서 아삭하고 간이 딱 맞아 더 맛있답니다.

·······▶ page 186

Easy Recipe 46

피넛오트밀죽

15분

오트밀에 땅콩버터 1큰술을 넣고 끓여서 만든 피넛오트밀죽. 소금 약간 넣고 끓이면 단짠단짠, 고소하고 담백하고 달달해서 부족함이 없어요. 땅콩은 단백질이 풍부하고 포만감도 좋아서 약간만 먹어도 든든하죠. 오트밀로 건강한 탄수화물까지 챙긴 소중한 한 끼입니다.

⋯⋯▶ page 186

Easy Recipe 47

오트밀핫도그

15분

오트밀과 달걀을 사용해 핫도그 옷을 만들어보세요. 쉽게 만들 수 있고 밀가루를 넣지 않아 속도 편해요. 재료도 간단하니 안 만들 이유가 없죠. 핫도그 위에 노 슈거 케첩, 비건 마요네 즈를 약간 올려서 먹으면 맛이 더 업그레이드됩니다. 마요네즈 대신 머스터드를 넣어도 좋아 요. 소스는 취향에 맞게 뿌려 먹기!

·······▶ page 188

Easy Recipe *48*

오트밀시금치달걀찜

15분

시금치는 1단 사면 항상 남곤 하죠. 그래서 시금치 넣고 달걀찜을 만들어봤어요. 거기다 오트밀까지 넣으면 반찬 말고 식사로도 먹을 수 있어요. 오트밀시금치달걀찜 한 그릇이면 든든하고 건강한 한 끼 식사가 되죠. 달걀 요리에 필수인 케첩까지 올려 먹으면 더 완벽합니다.

······▶ page 188

Easy Recipe *49*

양배추오트밀전

20분

양배추오트밀전은 너무 맛있는 다이어트 레시피예요. 누구나 쉽게 만들 수 있고 탄단지를 완벽하게 갖추었죠. 자주 만들 수 있는 다이어트 레시피니 꼭 해 먹어보세요. 오트밀을 넣어 고기 맛이 나는 데다 식감도 쫄깃쫄깃하고 부드럽답니다.

▶ page 190

Easy Recipe **50**

오트밀단백질볼

15분

하나만 먹어도 입 터짐을 제대로 막을 수 있는 오트밀단백질볼. 에어프라이어나 오븐이 필요 없고 반죽을 넣고 뭉쳐주기만 하면 끝이니까 꼭 한번 만들어보세요. 식감이 쫀득해 냉장 보관해뒀다가 먹으면 더 맛있어요. 땅콩버터를 넣어서 그런지 포만감은 높고 고소해요. 너무 빽빽하다 싶으면 알룰로스를 추가해서 입에 착착 감기게 말아보세요.

┈┈┈▶ **page 190**

Easy Recipe 51

15분

맛있게 먹고 살까지 빠지면 너무 행복한 거 아닌가요. 건강도 잡고 맛도 잡을 수 있는 오트밀미역달걀말이! 미역까지 듬뿍듬뿍 넣어주세요. 화장실까지 잘 가게 될 거예요 ! 두부, 달걀, 미역, 오트밀의 조합이 훌륭한 레시피입니다. 감량기에 추천하는 레시피니 꼭 한번 만들어보세요.

┈┈▶ **page 192**

Easy Recipe 52

15분

밀가루, 버터를 전혀 넣지 않아 속이 편하고 칼로리가 낮아 부담 없이 먹을 수 있는 레시피입니다. 우유랑 먹어도 좋고, 커피랑 먹어도 행복한 맛! 아침에 호다닥 먹을 수 있는 메뉴로도 추천합니다. 달달하게 먹고 싶으면 알룰로스를 두어 바퀴 두르세요.

······▶ **page 192**

Easy Recipe **53**

토마토두부면에그인헬

20분

브런치 카페 부럽지 않은 토마토와 두부 면으로 만든 에그인헬! 치즈까지 넣어 더 속세 음식 같아요. 소스까지 넣었더니 토마토 향이 가득해서 더 좋네요. 두부 면 호로록 먹고, 남은 소스를 먹으면 너무 맛있어서 반할 거예요.

┈┈▶ **page 196**

Easy Recipe **54**

토마토토스트

20분

토마토토스트는 통밀 식빵을 바삭하게 굽는 게 포인트예요. 시든 토마토도 살짝 구워내니 더 맛있어졌어요. 별다른 재료가 없는데도 건강하면서도 맛있죠. 아침에 토마토토스트와 커피 한잔이면 행복하게 하루를 시작할 수 있을 거예요.

·······▶ page 196

Easy Recipe 55

토마토닭가슴살구이

15분

토마토에 닭 가슴살을 넣어서 구워보세요. 닭 가슴살의 쫀득한 식감과 토마토의 조합은 두말할 필요 없이 훌륭해요. 토마토를 익혀 먹으니 더 부드럽고 따뜻해서 좋답니다. 치즈까지 올리면 건강 그 자체! 이것 또한 초간단 요리에 재료도 간단하니까 꼭 해 먹어보시길 추천해요.

▶ page 198

Easy Recipe 56

토마토라자냐

20분

정말 맛있고 건강한 메뉴예요. 쌈두부로 이렇게 맛있는 요리를 해 먹을 수 있다니, 정말 신세계죠. 느끼한 음식을 많이 먹은 날에도 좋고, 입맛 없을 때도 든든해서 좋아요. 쌈두부에 닭가슴살까지 넣어 단백질이 가득해, 주말 치팅용 메뉴로도 합격이에요.

······▶ **page 198**

Easy Recipe 57

20분

빵을 과감히 버린 쫄깃토마토버거. 안에 토마토를 넣어 상큼한 레시피예요. 식감이 쫀득한데, 라이스페이퍼 특유의 식감을 좋아하는 분이라면 맛있게 먹을 수 있을 거예요. 패티는 닭가슴살스테이크로 대체하고, 빵은 라이스페이퍼로 대체해서 건강하기까지 하죠. 먹으면서 "아, 건강한 맛인데 엄청 맛있네?"라고 감탄하게 되더라고요.

┈┈┈▶ page 200

Easy Recipe 58

토마토고구마에그슬럿

15분

주말 치팅 후 월요일 클린 식단으로 좋은 토마토고구마에그슬럿. 토마토가 부드럽고 따끈해 입에서 사르르 녹는 듯한 느낌이에요. 거기에 삶은 고구마랑 달걀까지 넣으니 더 부드럽고 담백하더라고요. 일반적인 고구마에그슬럿보다 훨씬 몽글몽글하고 건강한 맛이라 만족도가 더 높죠.

┈┈┈▶ **page 200**

Easy Recipe **59**

15분

다이어트 식단인데 이렇게 맛있어도 되는 건가요. 패티 대신 사용한 양상추가 아삭아삭해서 일반 빵보다 더 맛있어요. 양상추와 토마토 외에도 먹고 싶은 재료를 넣어 만들어보세요. 닭가슴살을 넣어 든든하게 먹어도 빵이 없으니 칼로리 부담은 없을 거예요.

········▶ page 202

Easy Recipe 60

토마토닭가슴살파스타

20분

양질의 탄수화물 통밀 파스타 면과 든든한 단백질 지원군 닭 가슴살, 맛있고 싱그러운 토마토를 넣어 만든 최고로 건강한 토마토닭가슴살파스타. 닭 가슴살을 넣어 든든하고 맛있어요. 주말 메뉴나 초대 요리로도 좋으니 꼭 한번 도전해보세요.

⋯⋯▶ **page 202**

Easy Recipe **61**

토마토두부카프레제

10분

일주일에 3kg 감량이 가능한 레시피로 간단하고 맛까지 있는데 살이 확실히 빠집니다. 저도 이거 먹고 도움을 많이 받았거든요. 이거 한번 먹고 나면 아마도 토마토 한 박스 사러 가실 거예요.

······▶ **page 204**

Easy Recipe **62**

토마토샌드위치

15분

밀가루 없는 토마토샌드위치 레시피. 달걀과 토마토는 궁합이 좋아서 자주 요리해 먹는 식재료인데, 이렇게 해 먹으니 색다르고 부드럽고 맛있는 데다 차려 먹는 느낌이라 만족도가 높아요. 소스는 시중에 파는 저칼로리 소스 중 원하는 맛으로 먹어보세요. 이건 2개 먹어도 살이 안 찐답니다.

┈┈▶ page 204

Easy Recipe 63

10분

밥이 없어도 든든하고 재료와의 조합도 너무 훌륭해요. 재료 준비하기도 간단해요. 시원하게 먹을 수 있어서 더 좋고, 참치의 짭조름함과 기름진 맛도 비빔밥이랑 너무나 잘 어울려요. 오이와 함께 먹었을 때 더 최고! 한 그릇 싹싹 비워도 칼로리는 비교적 낮고 포만감은 큽니다.

······▶ **page 208**

Easy Recipe 64

카레순두부

15분

순두부를 맛있게 먹는 방법은 카레가루를 약간 넣고 끓여 먹는 거예요. 속세 음식이 당길 때 이 메뉴를 '강추'합니다. 한 그릇 뚝딱해도 살이 찌지 않아서 더 좋아요. 달걀, 오트밀을 넣어 탄단지도 완벽하고 맛도 최고예요. 거기다 몽글몽글한 식감 덕에 힐링까지 된답니다.

┈┈▶ page 208

Easy Recipe **65**

카레오르밀닭죽

10분

불 없이 죽을 만들 수 있다? 가능합니다. 심지어 맛까지 최고예요. 불 없어도 전자레인지에 넣고 5분이면 완성됩니다. 카레가루를 약간 넣었더니 더 맛있고, 질감도 꾸덕하게 완성돼요. 정말 초간단한데 맛은 초간단이 아니에요. 다양한 채소를 넣어서 만들면 인생 요리가 탄생할지도 몰라요.

▶ page 210

Easy Recipe **66**

순두부고구마전

15분

순두부에 고구마, 달걀, 치즈를 넣어서 구워보세요. 너무 맛있어서 깜짝 놀라실 거예요. 뭐든 같은 재료라도 조리 방법을 달리하면 더 맛있게 먹을 수 있어요. 몽글몽글한 순두부는 어떻게 먹어도 맛있지만 고구마, 달걀, 치즈를 넣어서 구우면 더욱 맛난 요리 완성!

▶ page 210

Easy Recipe 67

닭가슴살시금치롤

15분

남은 시금치로 특별한 롤을 만들어보세요. 아주 맛있고 든든한 식단이 완성될 거예요. 김은 없지만, 아주 건강하고 담백한 맛이라 제 마음에 쏙 든 롤 레시피예요. 달걀에 닭 가슴살까지 넣은 단백질 폭탄 롤이라 더 좋답니다.

⋯⋯▶ **page 212**

Easy Recipe **68**

15분

파 향이 가득하고 굴소스를 넣어 감칠맛을 더한 두부달걀밥. 밥 대신 두부를 넣고 볶음밥을 만들면 포만감이 쑥쑥 올라갑니다. 한 그릇 먹고 나면 든든할 뿐 아니라 맛있어서 만족스러운 레시피죠. 탄수화물이 필요하다면 두부를 약간 빼고 현미밥을 추가해도 좋습니다. 5분 만에 만들 수 있으니 간단하게 먹고 싶을 때 추천합니다.

······▶ page 212

Easy Recipe 69

순두부비빔밥

5분

완전 초간단 레시피! 간단한데도 이렇게 맛있기 있나요? 순두부가 있다면 비빔밥을 꼭 먹어야죠! 참치에 파까지 꼭 넣어주세요. 파 향이 정말 예술이거든요!

▶ page 214

Easy Recipe 70

알배추스테이크

15분

알배추스테이크는 치즈를 바삭하게 구워내는 게 포인트예요. 양배추스테이크도 맛있지만, 알배추로 만든 치즈스테이크도 부드럽고 촉촉해서 너무 맛있어요. 치즈를 굽다가 타다닥 소리가 나면 썰어 드세요. 살짝 구운 치즈랑 알배추 맛이 조화로워요. 한 끼로는 부족할 테니 탄수화물을 잘 챙겨주세요.

▶ page 214

일주일에
-3kg

Cabbage
양배추

다이어트 식재료로 최고인 양배추!
데쳐 먹고 쪄 먹고 볶아 먹고 생으로 먹어도 맛있는 양배추로 만든
다이어트 식단은 정말 다양합니다!
식이 섬유가 풍부한 양배추로 맛있고 배부르게 먹을 수 있는 다이어트 레시피를 알려드릴게요.

양배추 요리 중 손에 꼽을 정도로 좋아하는

매콤 담백

양배추김밥

반나절이 든든한

달콤 든든

양배추고구마전

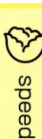

 재료

☑ **양배추** 4~5장

☑ **현미밥** 100g

☑ **청양고추** 1개

☑ **캔 참치** 2큰술

☑ **스리라차소스** 1큰술

 과정

❶ 양배추는 팔팔 끓는 물에 5~6분 정도 데쳐 준비하세요.

❷ 도마 위에 양배추를 겹겹이 겹쳐 올립니다.

❸ 양배추 위에 현미밥, 기름 뺀 참치, 반으로 썬 청양고추를 올립니다.

❹ 스리라차소스를 한 줄 뿌려줍니다.

❺ 돌돌 말아서 적당한 크기로 썰어줍니다.

※ **손으로 천천히 말면 김밥말이가 없어도 잘 말려요.**

-3kg **point**

밥 양은 100g으로 맞추세요.

 재료

☑ **고구마** 100g

☑ **양배추** 150g

☑ **달걀** 2개

☑ **치즈** 20g

☑ **올리브 오일** 약간

 과정

❶ 고구마를 삶아서 으깨줍니다.

❷ 양배추는 깨끗이 씻어 잘게 채 썰어줍니다.

❸ 볼에 양배추를 넣고 달걀을 섞어줍니다.

❹ 고구마를 넣고 섞어 준비합니다.

❺ 팬에 올리브 오일을 살짝 둘러 예열한 후 반죽을 동그랗게 올려 중약 불로 굽습니다.

❻ 한쪽 면에 치즈를 올리고 반으로 접어줍니다.

❼ 뒤집어서 굽고 양면을 골고루 구워줍니다.

※ **취향껏 노 슈거 케첩을 위에 뿌려 먹어도 좋아요.**

-3kg **point**

고구마는 작은 걸로 준비해 주세요.

쫄깃
담백

맛있어서 두 번, 세 번 해 먹은 쫄깃한

양배추토스트

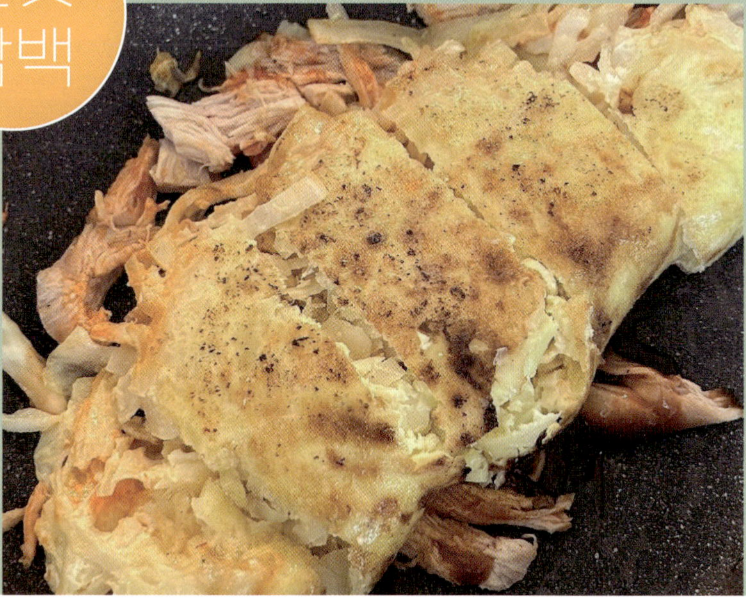

담백
고소

정말 건강하게 먹었다

양배추닭가슴살찜

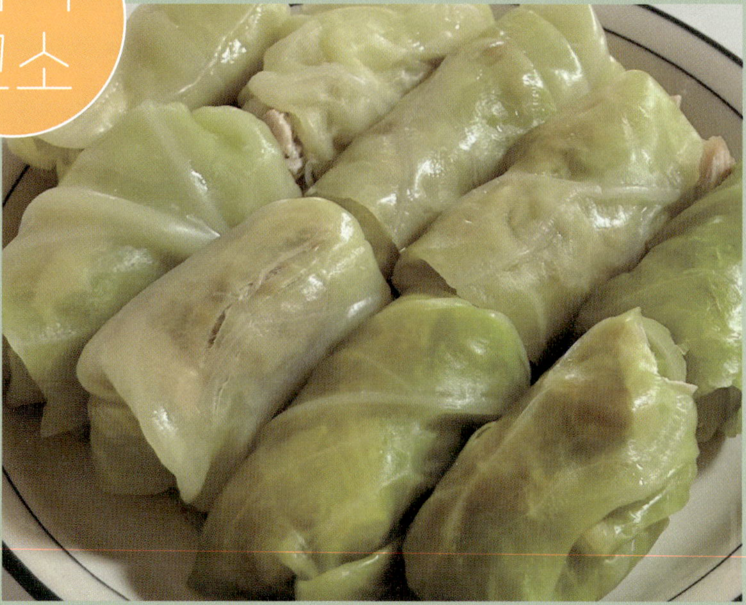

재료

- ☑ **양배추** 100g
- ☑ **달걀** 2개
- ☑ **라이스페이퍼** 1장
- ☑ **닭 가슴살** 100g
- ☑ **노 슈거 케첩** 취향껏
- ☑ **치즈** 20g
- ☑ **올리브 오일** 약간

과정

❶ 양배추는 잘게 썰어 준비합니다.

❷ 볼에 양배추를 담고 달걀을 넣어 섞어줍니다.

❸ 팬에 올리브 오일을 살짝 둘러 예열하고, 그 위에 적시지 않은 라이스페이퍼를 올립니다.

❹ ③ 위에 ②의 양배추 반죽을 올립니다.

❺ 굽다가 뒤집어서 굽고 충분히 익으면 다시 뒤집습니다.

❻ 한쪽 면에 노 슈거 케첩을 뿌려줍니다.

❼ 그 위에 닭 가슴살을 찢어 올립니다.

❽ 치즈를 올려 반으로 접습니다.

❾ 양면으로 골고루 구워줍니다.

※ 취향껏 노 슈거 케첩을 위에 뿌려 먹어도 좋아요.

-3kg point

닭 가슴살은 저염으로 준비해주세요.

재료

- ☑ **양배추** 8~9장
- ☑ **닭 가슴살** 100g
- ☑ **현미밥** 100g

소스

- ☑ **간장** 3큰술
- ☑ **식초** 1큰술
- ☑ **물** 3큰술
- ☑ **청양고추** 1큰술

과정

❶ 양배추는 끓는 물에 뿌리 부분이 말랑해질 때까지 약 7~8분간 데칩니다.

❷ 볼에 현미밥과 닭 가슴살을 넣고 섞습니다.

❸ 익은 양배추를 펼쳐 닭 가슴살과 현미밥을 올려 돌돌 말아줍니다.

❹ 소스에 찍어 드세요.

-3kg point

아무리 맛있어도 너무 많이 먹지 않도록 주의!

쫄깃
담백

만두가 당길 때 자주 먹은

양배추만두

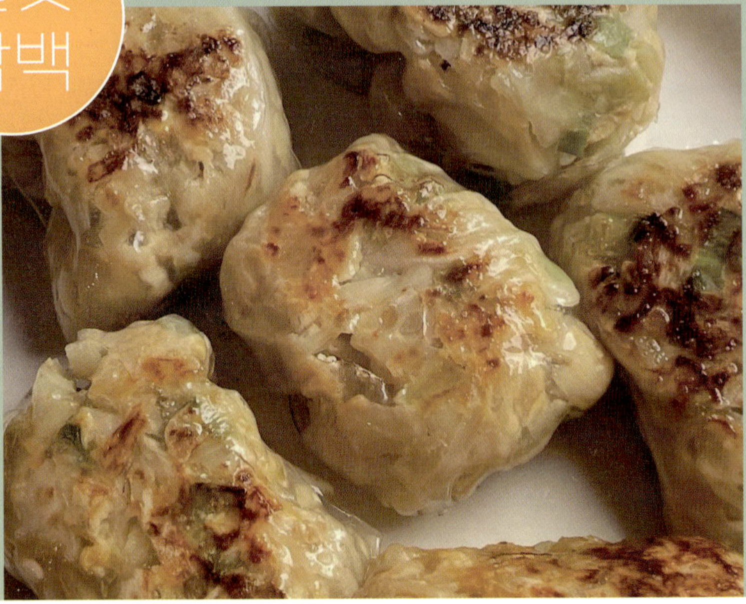

담백
고소

밀가루 음식이 먹고 싶다면

양배추토르티야

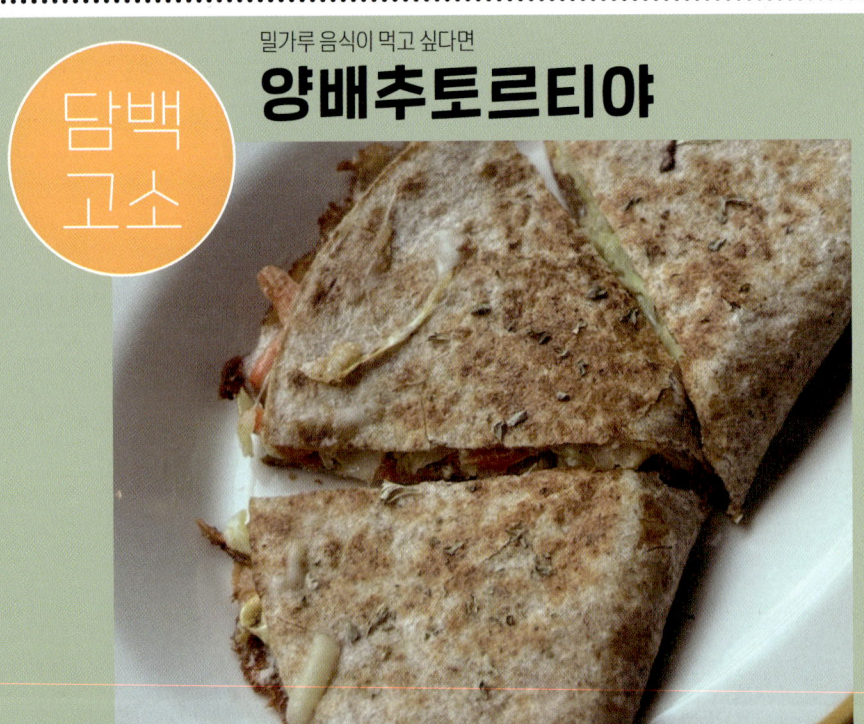

 재료

 과정

☑ **양배추** 100g

☑ **파** 50g

☑ **달걀** 2개

☑ **라이스페이퍼** 5~6장

☑ **굴소스** 1큰술

☑ **올리브 오일** 약간

❶ 양배추는 채 썰어 준비해주세요.

❷ 파는 송송 썰어줍니다.

❸ 팬에 올리브 오일을 두르고 파를 충분히 볶으며 파기름을 내세요.

❹ ③ 위에 양배추를 넣어 함께 볶아요.

❺ 팬에 있는 재료를 옆으로 살포시 밀어놓고, 달걀을 넣어 익혀줘요.

❻ 양배추, 파, 달걀을 모두 섞어서 볶은 뒤 굴소스를 넣고 충분히 볶습니다.

❼ 따뜻한 물에 적신 라이스페이퍼를 도마 위에 둡니다.

❽ 라이스페이퍼 위에 ⑥의 만두소를 적당량 올려 싸줍니다.

❾ 완성한 만두를 올리브 오일 두른 팬에 한번 더 구워줍니다.

 point

양배추를 가득 넣어 포만감을 높이세요.

 재료

 과정

☑ **통밀 토르티야** 1장

☑ **양배추** 100g

☑ **당근** 약간(20g)

☑ **달걀** 2개

☑ **치즈** 20~30g

☑ **노 슈거 케첩** 약간

☑ **올리브 오일** 약간

❶ 양배추와 당근은 채 썰어 준비합니다.

❷ 볼에 양배추와 당근을 넣고 달걀을 풀어 잘 섞어줍니다.

❸ 팬에 올리브 오일을 두르고 ②를 넣어 볶습니다.

❹ ③ 위에 통밀 토르티야를 올리고 충분히 익힌 후 뒤집어줍니다.

❺ 뒤집어서 한쪽 면에 노 슈거 케첩을 뿌리고 위에 치즈도 올려 반으로 접어줍니다.

❻ 뒷면도 바삭하게 구워줍니다.

 point

1장만 드세요.

담백 든든

마법 전날 폭식 예방으로 자주 먹은

양배추목살볶음

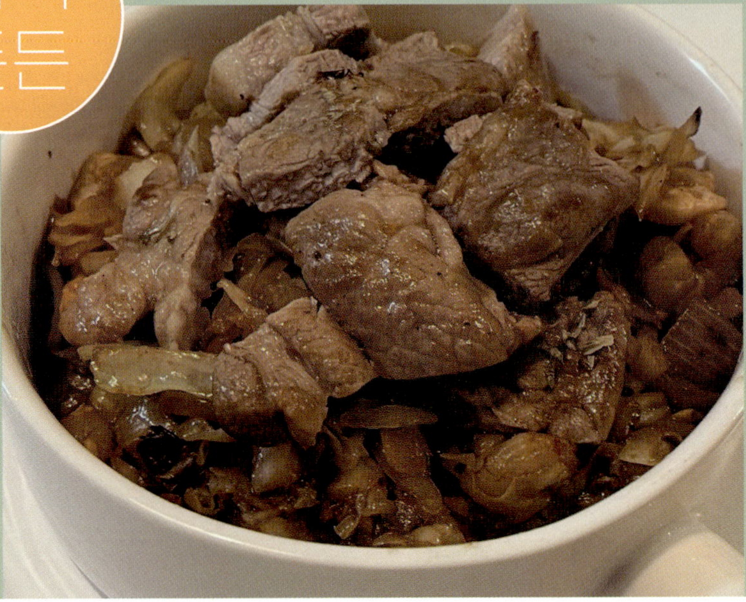

달콤 담백

나가서 사 먹는 샌드위치보다 맛있는 빵 없는

양배추샌드위치

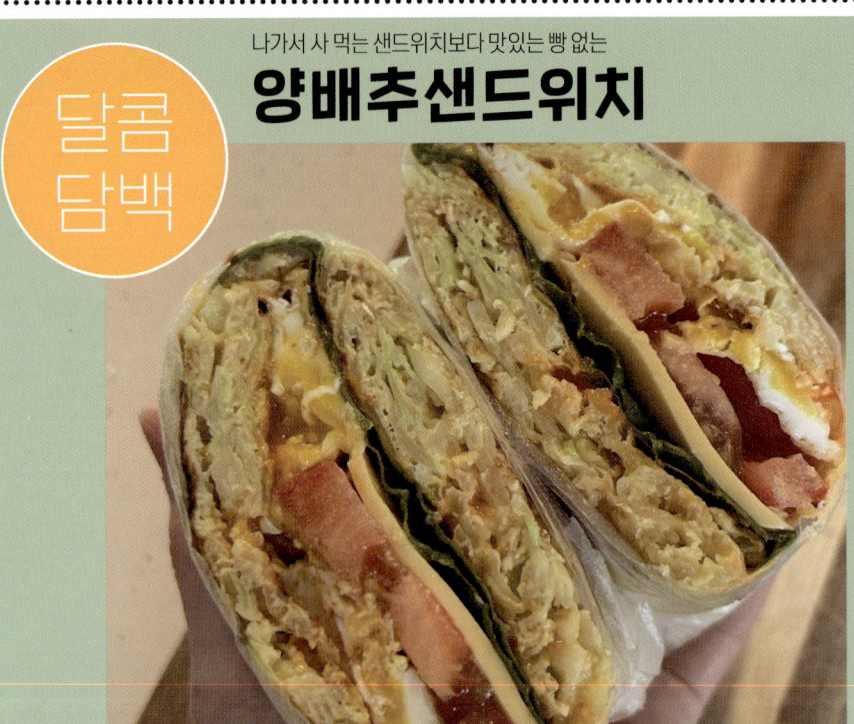

재료

 과정

- ☑ **목살** 1덩이
- ☑ **양배추** 150~200g
- ☑ **양파** 70g
- ☑ **굴소스** 1큰술
- ☑ **올리브 오일** 약간

❶ 양배추와 양파는 채 썰어 준비해주세요.

❷ 올리브 오일을 두른 팬에 양배추와 양파를 넣고 살짝 볶습니다.

❸ 목살을 넣고 같이 굽듯이 볶아줍니다.

❹ 목살을 뒤집어가며 충분히 익힙니다.

❺ 굴소스를 넣어 채소와 고기를 같이 익힙니다.

❻ 목살이 다 익을때까지 조리합니다.

 point

고기는 약간 넣고 양배추는
많이 넣어주세요.

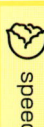

 재료

 과정

- ☑ **양배추** 100g
- ☑ **오트밀** 3큰술(30g)
- ☑ **달걀** 2개
- ☑ **비건 마요네즈** 1스푼
- ☑ **스리라차소스** 1스푼
- ☑ **완숙 토마토** ½개
- ☑ **달걀 프라이** 1개
- ☑ **상추** 2장
- ☑ **슬라이스 치즈** 1장
- ☑ **올리브 오일** 약간

❶ 양배추는 채 썰어 준비해주세요.

❷ 그릇에 양배추를 담고 달걀, 오트밀을 넣어 잘 섞어줍니다.

❸ 사각 팬에 올리브 오일을 두르고 ②를 올려 잘 구운 후 접시를 이용
해 뒤집어 뒷면도 구워줍니다.

❹ ③을 꺼내 비건 마요네즈, 스리라차소스를 뿌리고 반으로 자릅니다.

❺ 한쪽 면에 상추, 치즈, 슬라이스한 토마토, 달걀 프라이순으로 올리
고 나머지 반쪽으로 덮어줍니다.

❻ 랩으로 잘 싸서 반으로 커팅해 완성합니다.

 point

치즈는 1장만 사용하세요.

찐양배추비빔밥

단짠
단짠

 재료

☑ **두부** ½모

☑ **양배추** 100g

 비빔장

☑ **간장** 1큰술

☑ **참기름** 1큰술

☑ **청양고추** 1개

☑ **양파** 약간

☑ **마늘** 2톨

☑ **고춧가루** 약간

 과정

❶ 두부는 살짝 데쳐 키친타월로 물기를 제거해주세요.

　※ **따뜻하게 먹기 위해서입니다.**

❷ 데친 두부를 으깨놓습니다.

❸ 양배추는 잘게 채 썰어 끓는 물에 살짝 데쳐주세요.

❹ 데친 양배추를 탈탈 털어 물기를 제거하세요.

❺ 두부 위에 양배추를 올리고 비빔장을 올려서 먹습니다.

 -3kg point

비빔밥에 꼭 밥을 넣어
야겠다면 조금만 추가
하세요.

일주일에
−3kg

Bean Curd
두부

두부는 단백질이 풍부하고 포만감도 큰 식재료예요.
두부로 수많은 맛있는 다이어트 요리를 만들 수 있죠.
든든하고 건강한 다이어트를 하기 위해 두부는 필수템입니다.
단백질 가득한 두부 레시피 알려드릴게요.

진짜 맛있어서 이지가 제일 좋아하는

두부참치배추롤

담백
고소

피자가 먹고 싶을 땐 무조건

두부피자

속세
피자

140

재료

- ☑ **알배추** 4~5장
- ☑ **두부** ½모
- ☑ **캔 참치** 2큰술(가득)
- ☑ **달걀** 1개
- ☑ **올리브 오일** 약간

 과정

❶ 알배추는 끓는 물에 3~4분 정도 데칩니다.

❷ 두부는 키친타월로 물기를 제거한 후 으깹니다.

❸ 참치는 기름을 빼고 두부와 같이 섞어줍니다.

❹ 데친 배추를 도마 위에 겹치도록 놓은 다음 ③의 두부소를 올려 말아줍니다.

❺ ④를 달걀물에 묻혀 팬에 올리브 오일을 둘러 구워줍니다.

-3kg point

두부는 ½모만 사용하세요.

 재료

- ☑ **두부** 1모
- ☑ **토마토소스** 1큰술
- ☑ **닭 가슴살 소시지** ½개
- ☑ **양파** 20g
- ☑ **파** 20g
- ☑ **할라피뇨** 2~3개
- ☑ **치즈** 30g
- ☑ **올리브 오일** 약간

 과정

❶ 두부를 넓게(두께 약 4~5cm) 편으로 썰어주세요.

❷ 올리브 오일을 두른 팬에 두부를 올려 양면을 골고루 구워주세요.

❸ 구운 두부 윗면에 토마토소스(토마토케첩으로 대체 가능)를 골고루 발라줍니다.

❹ 잘게 썬 양파-파-닭 가슴살 소시지-할라피뇨-치즈 순서로 올려주세요.

❺ 에어프라이어에 180℃로 10분간 구워주세요.

-3kg point

토마토소스는 1큰술만 사용하세요.

보들
코소

간단한 저녁 메뉴로 자주 먹은
연두부치즈구이

달콤
아삭

입 터짐 방지에 너무 좋았던
두부롤케이크

재료

- ☑ **연두부** 1모
- ☑ **소금** 약간
- ☑ **후춧가루** 약간
- ☑ **슬라이스 치즈** 1장

 과정

❶ 연두부 위에 소금, 후춧가루를 뿌립니다.

❷ 치즈는 사선으로 적당한 크기로 잘라 연두부 위에 올려줍니다.

❸ 에어프라이어에 180℃로 7~8분간 구워줍니다.

-3kg point

치즈는 1장만 사용하세요.

 재료

- ☑ **두부** 1모
- ☑ **프로틴 파우더** 4큰술(40g)
- ☑ **스테비아** 1큰술
- ☑ **소금** 약간
- ☑ **무가당 코코아 파우더** 3큰술
- ☑ **아몬드가루** 3큰술
- ☑ **달걀** 1개
- ☑ **올리브 오일** 약간

-3kg point

간식으로 먹는다면 2개 이
상은 먹지 말기!

 과정

❶ 두부, 소금 약간, 스테비아, 프로틴 파우더를 믹서에 넣고 갈아줍니다.

❷ ①의 두부크림에 무가당 코코아 파우더 2큰술을 넣고 잘 섞어줍니다.

❸ 완성된 두부크림은 냉동실에 잠깐 보관합니다. 다른 재료 준비하는
동안만 넣어주세요.

❹ 볼에 아몬드가루, 소금 약간을 넣고 달걀을 깨뜨려 넣어 섞어주세요.

❺ 예열한 팬에 올리브 오일을 둘러 ④의 아몬드 반죽을 넣은 후 약한
불로 노릇하게 구워줍니다.

❻ 랩 위에 ⑤의 아몬드 반죽을 올립니다.

❼ 냉동실에 넣어둔 두부크림을 ⑥ 위에 가득 올려 랩을 사용해 동그랗
게 말아 전체를 감싸줍니다.

❽ 래핑을 세 번 정도 단단하게 한 뒤 반나절 동안 냉동고에 얼립니다.

❾ 단단해지면 실온에 잠깐 두었다 무가당 코코아 파우더 1큰술을 뿌
립니다.

항상 만족도가 높았던

두부참치비빔밥

초대 요리로 자주 했던

두부프리타타

144

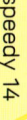

 재료

☑ **두부** 70g

☑ **현미밥** 70g

☑ **캔 참치** 70g

☑ **크래미** 35g

☑ **상추** 적당량

☑ **삶은 달걀** ½개

☑ **닭 가슴살** 100g

☑ **스리라차소스** 취향껏

☑ **참기름** 1큰술

 -3kg point

채소는 많으면 많을수록 좋아요.

 과정

❶ 큰 볼에 상추를 깔아줍니다.

❷ 상추 위에 현미밥, 듬성듬성 썬 크래미, 기름 뺀 참치, 으깬 두부, 삶은 달걀, 적당한 크기로 썬 닭 가슴살을 올려줍니다.

❸ 스리라차소스와 참기름을 뿌려줍니다.

 재료

☑ **두부** ½모

☑ **달걀** 4개

☑ **무가당 두유** 50ml

☑ **파르메산 치즈가루** 1작은술

☑ **양파** 30g

☑ **시금치** 30g

☑ **방울토마토** 5~6개

☑ **올리브 오일** 약간

 -3kg point

두부는 ½모 이상 사용하지 않기!

 과정

❶ 큰 볼에 두부를 넣고 으깨줍니다.

❷ ①에 달걀, 무가당 두유, 파르메산 치즈가루를 넣어서 섞어줍니다.

❸ 시금치는 적당히 썰고, 방울토마토는 반으로, 양파는 잘게 썰어 준비합니다.

❹ 팬에 올리브 오일을 두르고 양파, 시금치, 방울토마토를 넣어 살짝 볶아줍니다.

❺ ②의 두부 반죽에 볶아둔 재료를 넣어 잘 섞어줍니다.

❻ 오븐 팬에 올리브 오일을 골고루 발라주고 반죽을 넣습니다.

❼ 오븐에서 200℃로 25분간 구워줍니다.

※ 에어프라이어는 180℃로 20분 정도 구워줍니다. 조리 시간은 기기 사양에 따라 가감해야 합니다.

두부유부를 한번 더 구워낸

두부유부구이

밥보다 두부, 저탄수 고단백 다이어트 김밥

두부김밥

재료

☑ 유부 5~6장

☑ 두부 ½모

☑ 크래미 70g

☑ 달걀 1개

☑ 소금 약간

☑ 올리브 오일 약간

 **과정**

❶ 두부는 으깨고 크래미는 찢어 썰어서 두부와 섞어줍니다.

❷ ①에 소금을 넣고 유부에 넣어줍니다.

❸ 볼에 달걀을 풀어 ②의 유부 양면에 달걀물을 묻혀줍니다.

❹ 올리브 오일을 두른 팬에 ③을 올려 골고루 구워줍니다.

 point

밥은 넣지 말기!

 재료

☑ 두부 ½모

☑ 현미밥 50~60g

☑ 김밥용 김 2장

☑ 크래미 1개

☑ 캔참치 2큰술

☑ 비건 마요네즈 1큰술

☑ 청양고추 2개

☑ 참기름 약간

 과정

❶ 두부는 물기를 빼놓습니다.

　※ 어렵다면 밥이랑 섞어 마른 팬에 볶기

❷ ①을 현미밥과 섞어놓습니다.

❸ 김밥용 김 2장을 겹쳐 놓고 그 위에 ②를 올려 잘 펴줍니다.

❹ 크래미는 찢어서 참치, 비건 마요네즈와 섞어 밥 위에 올려줍니다.

❺ 청양고추를 올려서 돌돌 말아줍니다.

❻ 참기름을 골고루 발라서 썰어줍니다.

 point

밥도 넣어 탄수화물을 챙겨
주세요.

두부치즈그라탱

담백
매콤

 **재료**

- ☑ **두부** ½모
- ☑ **달걀** 1개
- ☑ **오트밀** 2큰술(20g)
- ☑ **팽이버섯** 1봉지
- ☑ **양파** ½개
- ☑ **고추참치** ½캔(50g)
- ☑ **치즈** 20g

 point

고추참치는 라이트로 사용
하세요.

 **과정**

❶ 그릇에 두부, 달걀을 넣고 으깨서 섞은 뒤 오트밀을 넣고 잘 섞어줍
니다.

❷ 팽이버섯은 듬성듬성 잘라주고, 양파는 잘게 썰어 그릇에 같이 넣습
니다.

❸ 위에 고추참치와 치즈를 올려 전자레인지로 3~4분간 돌립니다.

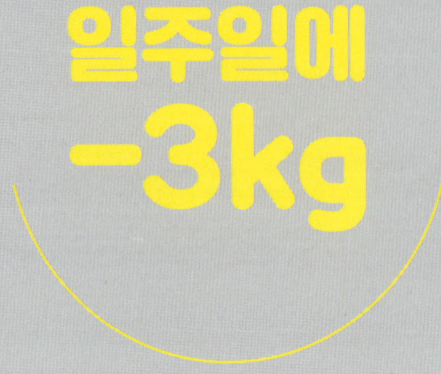

Sweet Potato
고구마

건강한 탄수화물로 이루어진 고구마!
식이 섬유도 풍부하고 조금만 먹어도 포만감이 큰 고구마는
다이어트할 때 꼭 필요한 식재료죠. 자체로도 달콤하고 맛있지만
더 맛있고 건강하게 먹을 수 있는 레시피를 알려드릴게요.

달콤 충전

집에서 만든 쫀득한 겨울 간식

고구마호떡

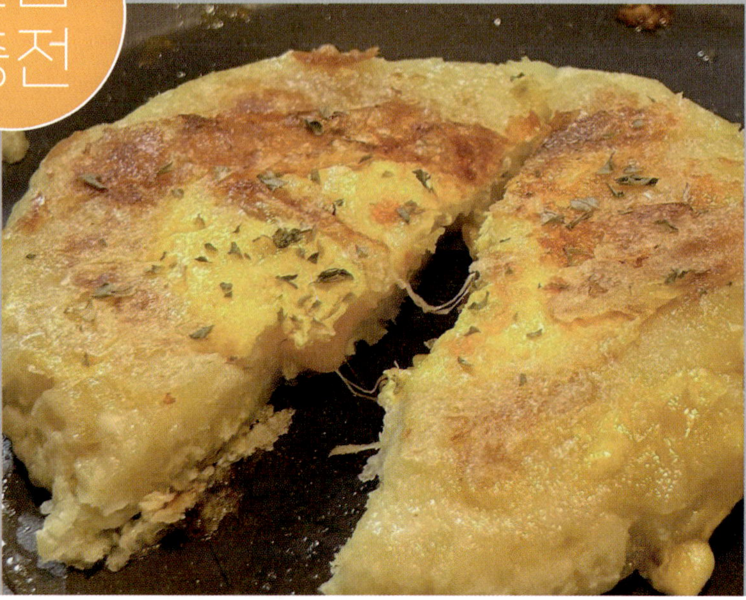

달콤 담백

진짜 너무 맛있어서 간식으로 즐겨 먹었던

고구마달걀빵

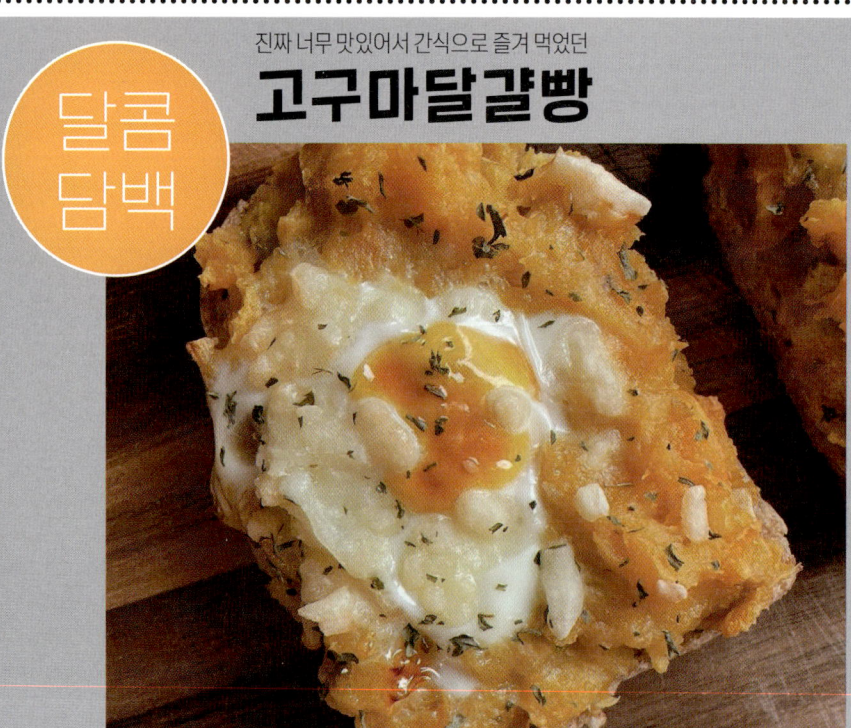

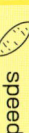

 재료

- ☑ **고구마** 100g
- ☑ **전분** 1큰술
- ☑ **알룰로스** 2~3큰술
- ☑ **달걀** 1개
- ☑ **무가당 두유**(선택) 약간
  ※반죽 섞는 용도
- ☑ **치즈** 30g
- ☑ **올리브 오일** 약간

 과정

❶ 고구마는 삶아서 으깨줍니다.

❷ 으깬 고구마에 전분, 알룰로스를 넣고 잘 섞어줍니다.

❸ 동그랗게 만들어 올리브 오일을 두른 팬에 올리고 중간에 숟가락을 이용해 달걀 넣을 자리를 동그랗게 만들어줍니다.

　※ 잘 섞이지 않는다면 무가당 두유를 조금 넣어서 반죽해주세요.

❹ 앞뒤로 잘 굽다가 달걀 홀에 달걀을 깨뜨려 넣어줍니다.

❺ 달걀 위에 치즈를 올려 뒤집어서 치즈와 달걀을 더 익혀 구워줍니다.

-3kg point

하나만 드세요!

 재료

- ☑ **통밀 식빵** 1장
- ☑ **고구마** 70~80g
- ☑ **달걀** 1개
- ☑ **치즈** 30g

 과정

❶ 고구마는 삶습니다.

❷ 삶은 고구마를 으깨주세요.

❸ 통밀 식빵 위에 으깬 고구마를 가장자리에만 둘러주세요.

❹ 중간 부분에 달걀을 깨뜨려 올려주세요.

❺ 위에 치즈를 뿌리세요.

❺ 에어프라이어에서 170℃로 15분간 구워줍니다.

　※ 조리 시간은 기기 사양에 따라 가감해야 합니다.

-3kg point

통밀 식빵을 사용하세요.

달콤
달콤

만들어 먹고 혼자 박수 친

고구마에그타르트

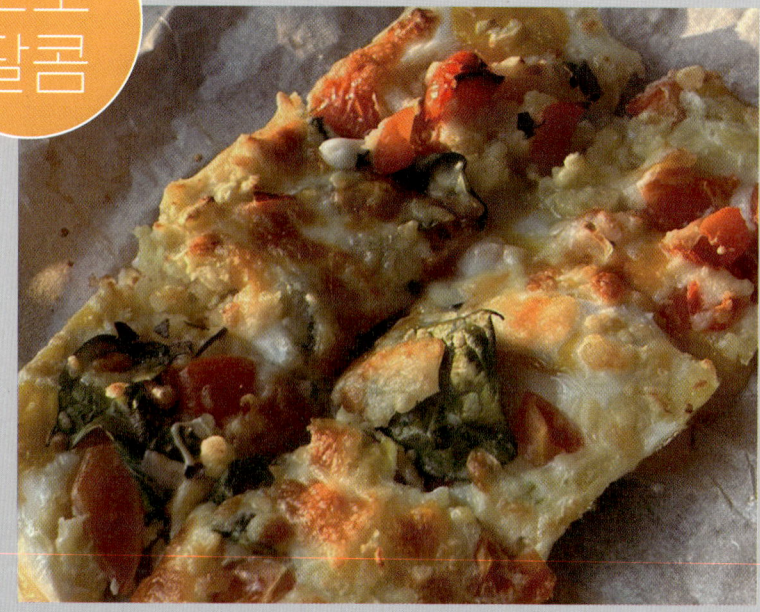

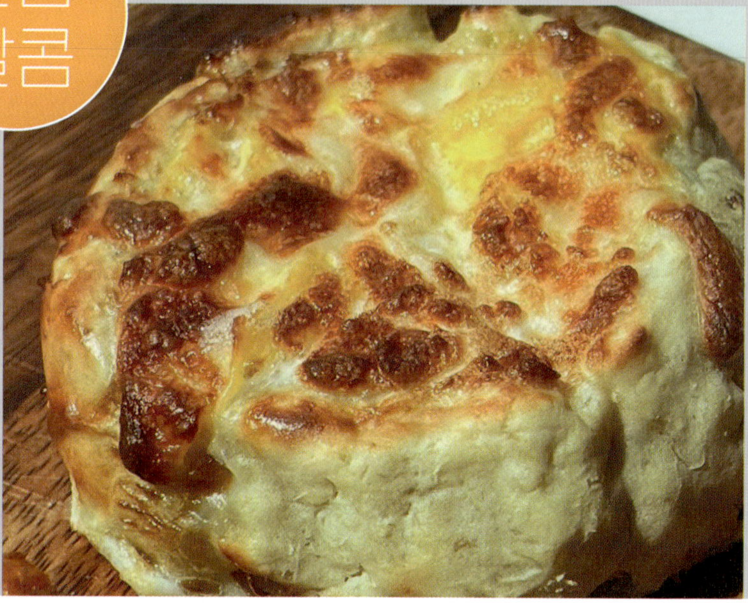

감량기에 먹어도 좋은 초간단

고소
달콤

달걀고구마피자

(재료)

- [✓] **고구마** 100g
- [✓] **전분** 1큰술
- [✓] **알룰로스** 2~3큰술
  ※ 혹은 스테비아 1큰술
- [✓] **달걀** 1개
- [✓] **치즈** 30g

 (과정)

❶ 고구마는 삶아서 으깨줍니다.

❷ 으깬 고구마에 전분, 알룰로스를 넣고 잘 섞어줍니다.

❸ 치대듯 반죽한 후 동그랗게 빚어 밑부분은 납작하게 만들고, 윗부분은 달걀 들어갈 자리를 만들어줍니다.

❹ 달걀을 깨뜨려 넣고 그 위에 치즈를 올려줍니다.

❺ 에어프라이어에서 200℃로 7~8분간 구워냅니다.

 (point)

간식이 아닌 간단한 한 끼 식사로 드세요.

 (재료)

- [✓] **달걀** 3개
- [✓] **고구마** 70g
- [✓] **시금치** 5~6줄기
- [✓] **토마토** 30g
- [✓] **치즈** 30g
- [✓] **올리브 오일** 약간

 (과정)

❶ 오븐 트레이에 종이 포일을 깔아줍니다.

❷ 포일 위에 올리브 오일을 뿌려줍니다.

❸ 달걀을 깨뜨려 넣고 노른자는 톡톡 터뜨려줍니다.

❹ 고구마는 삶아서 으깨 위에 솔솔 뿌려줍니다.

❺ 그 위에 토마토와 듬성듬성 자른 생시금치를 올립니다.

❻ 치즈를 뿌려 에어프라이어에서 180℃로 15분간 구워줍니다.

 (point)

달걀을 많이 사용하니 고구마는 약간만 넣으세요.

전자레인지로 해 먹을수 있어서 좋은

고구마달걀컵케이크

달콤
고소

밥은 없지만 든든하게 먹을 수 있는

묵참김밥

단짠
단짠

재료

- ☑ **고구마** 50g
- ☑ **달걀** 2개
- ☑ **닭 가슴살 소시지** 30g(½개)
- ☑ **치즈** 20g
- ☑ **올리브 오일** 약간

 과정

❶ 고구마는 삶아서 으깹니다.

❷ 고구마에 달걀 1개를 깨뜨려 넣어 섞어줍니다.

❸ 종이컵에 올리브 오일을 바르고 섞어둔 고구마를 넣어 종이컵을 탕탕 쳐서 고르게 펴줍니다.

❹ 그 위에 달걀 1개를 더 깨뜨려 넣고 닭 가슴살 소시지와 치즈를 올립니다.

❺ 전자레인지에 4분간 돌립니다.

-3kg point

하나만 드세요.

 재료

- ☑ **묵은지** 3~4장
- ☑ **고구마** 100g
- ☑ **캔참치** 2큰술
- ☑ **달걀** 2개
- ☑ **참기름** 약간

 과정

❶ 묵은지는 양념을 깨끗이 씻고 물에 잠시 담가 짠맛을 빼줍니다.

❷ ①의 물기를 꽉 짠 후 잘 펴서 도마 위에 올립니다.

❸ ②위에 고구마를 삶아서 으깨 올리고 기름을 뺀 참치도 함께 올립니다.

❹ 달걀은 프라이를 2개 만들어 올려서 돌돌 말아줍니다.

❺ 묵은지 위에 참기름을 살짝 발라 적당한 크기로 잘라줍니다.

-3kg point

김치가 짤 수 있으니 양념을 잘 씻어내고 물에 잠시 담가두세요.

달콤 쫄깃

이건 꼭 해 먹어야 해

고구마에그슬럿

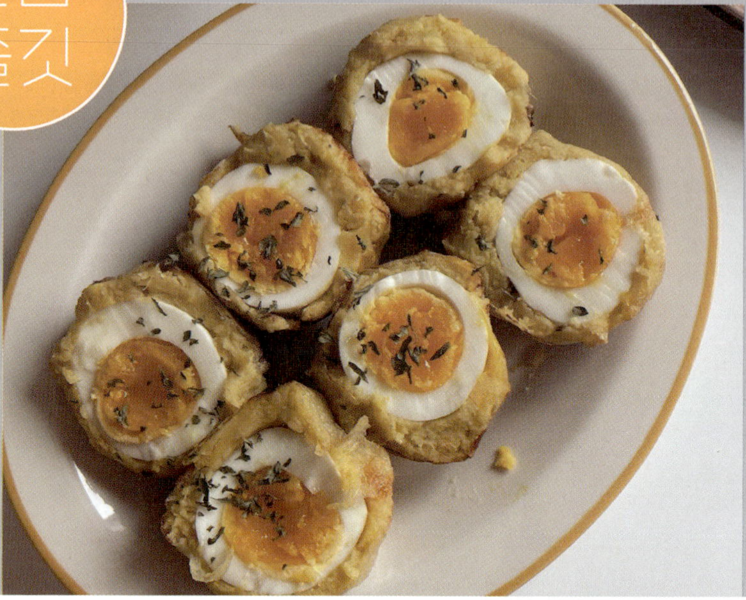

단짠 달콤

초간단 요리, 포만감이 오래가는

닭가슴살고구마구이

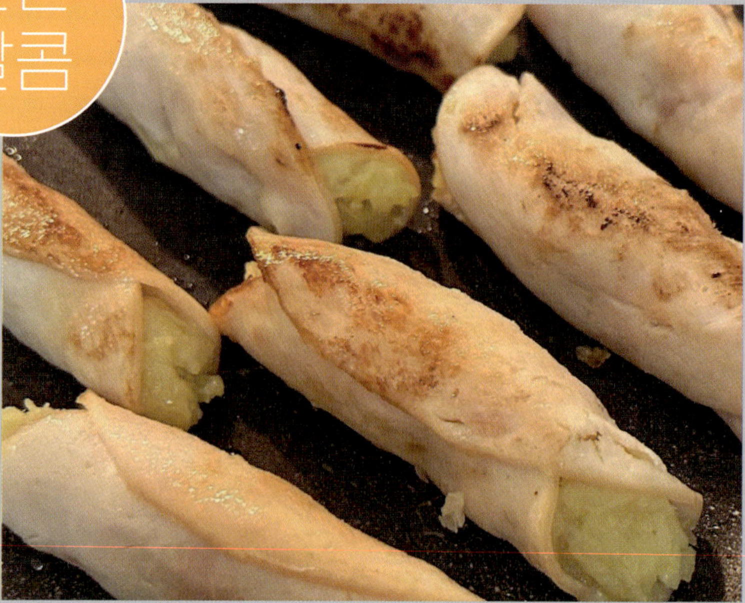

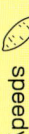

 재료

- ☑ **달걀** 2개
- ☑ **고구마** 100g
- ☑ **라이스페이퍼** 2장
- ☑ **알룰로스** 2큰술
- ☑ **올리브 오일** 약간

 과정

❶ 고구마는 삶아서 으깨 준비합니다.

❷ 고구마에 알룰로스를 뿌려서 섞어줍니다.

❸ ②의 고구마를 손바닥에 올려 펴줍니다.

❹ 그 위에 달걀을 삶아 올려 감싸줍니다.

❺ 따뜻한 물에 적신 라이스페이퍼를 도마 위에 올려둡니다.

❻ ④를 라이스페이퍼에 올려 잘 감싸줍니다.

❼ 올리브 오일을 두른 팬에 ⑥의 고구마볼을 올려 골고루 구워줍니다.

❽ 반으로 잘라줍니다.

-3kg point

달걀은 2개까지만 사용하세요.

 재료

- ☑ **고구마** 100~120g
- ☑ **닭 가슴살 햄** 5~6장
- ☑ **치즈** 20~30g
- ☑ **올리브 오일** 약간

 과정

❶ 닭 가슴살 햄은 도마 위에 잘 펴줍니다.

❷ 고구마는 삶아서 으깨 치즈와 함께 섞어줍니다.

❸ 닭 가슴살 햄 위에 ②를 올려 돌돌 말아줍니다.

❹ 올리브 오일을 두른 팬에 ③을 올려 앞뒤 골고루 잘 구워줍니다.

※ 그냥 먹어도 맛있지만, 비건 마요네즈+스리라차소스에 찍어 먹어도 좋아요.

-3kg point

고구마는 최대 150g을 넘기지 마세요.

찐고구마피자

달콤
고소

재료

☑ **고구마** 1개(작은 것)

☑ **저칼로리 바비큐소스** 2큰술

☑ **닭 가슴살 소시지** 1개

☑ **치즈** 20g

 과정

❶ 고구마는 껍질째 잘 씻어 찜기에 쪄서 준비합니다.

❷ 찐 고구마를 반으로 잘라 저칼로리 바비큐소스를 발라줍니다.

❸ 닭 가슴살 소시지를 동그랗게 썰어 고구마 위에 올립니다.

❹ 치즈를 올려 에어프라이어에 180℃로 5분간 돌려 치즈를 녹여줍니다.

 point

-3kg

고구마는 작은 사이즈로 고르세요.

일주일에
-3kg

Chicken Breast
닭 가슴살

다이어트할 때 단백질 보충하는 데 닭가슴살 만한 게 없잖아요.
소중한 닭 가슴살을 그냥 먹으면 맛없으니
다양하고 맛있어 질리지 않는 닭 가슴살 레시피를 알려드릴게요.

상큼 담백

닭가슴살오이탕탕이

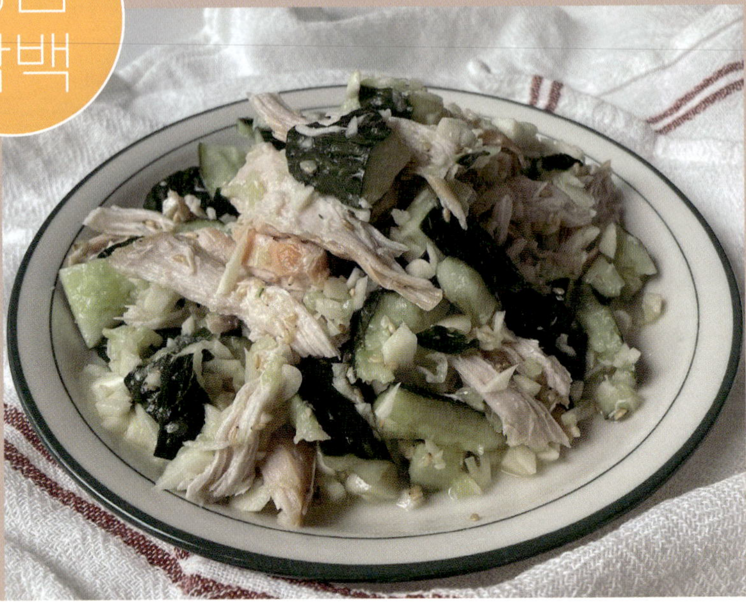

달콤 담백

꾸덕닭가슴살카레라이스

재료

- ☑ **오이** 1개
- ☑ **마늘** 10톨(취향껏 가감하기)
- ☑ **식초** 1큰술
- ☑ **들기름** 3큰술
- ☑ **닭 가슴살** 100g

 과정

❶ 오이는 3등분해 비닐봉지에 넣습니다.

❷ ①을 방망이로 두드려 으깨 볼에 담아둡니다.

❸ 닭 가슴살은 삶은 후 찢어서 ②에 같이 넣어줍니다.

❹ 마늘을 취향껏 빻아 넣고 들기름, 식초를 넣어 버무립니다.

-3kg (point)

닭 가슴살은 100g으로도 충분해요.

 재료

- ☑ **무가당 두유** 150ml
- ☑ **달걀** 1개
- ☑ **카레가루** 3큰술
- ☑ **닭 가슴살** 100g
- ☑ **소금** 약간
- ☑ **현미밥** 100g

 과정

❶ 웍에 무가당 두유를 붓고 달걀을 깨뜨려 섞어줍니다.

❷ 닭 가슴살을 삶아 썰어서 카레가루와 함께 ①에 넣어줍니다.

❸ 소금으로 간을 맞춥니다.

❹ 꾸덕해질 때까지 끓여줍니다.

※ **너무 되면 두유를 중간중간 추가해주세요.**

❺ 위에 현미밥을 올리세요.

-3kg (point)

우유 대신 무가당 두유를 사용하세요.

담백
고소

다이어트하는 친구들에게 해주면 좋아하는

에그닭가슴살케이크

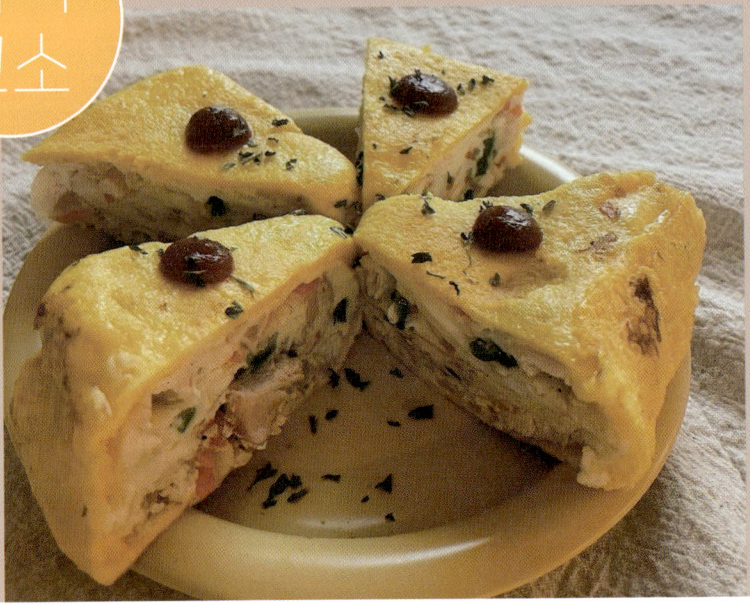

담백
담백

집에서 만드는 초간단

닭가슴살스테이크

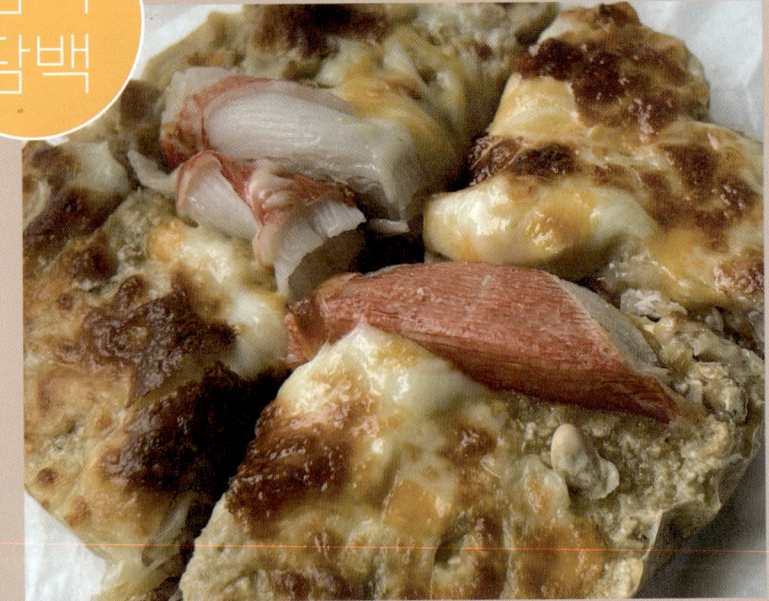

재료

- ☑ **달걀** 5개
- ☑ **닭 가슴살 소시지** 1개(60g)
  ※닭 가슴살로대체 가능
- ☑ **애호박** 50g
- ☑ **당근** 50g
- ☑ **소금** 약간
- ☑ **올리브 오일** 약간

※ 2인분

 과정

❶ 달걀은 흰자와 노른자를 분리해주세요.

❷ 애호박, 당근, 닭 가슴살 소시지는 잘게 썰어 준비해주세요.

❸ 흰자에 애호박, 당근, 닭 가슴살 소시지, 소금을 넣고 함께 잘 섞어줍니다.

❹ 예열한 사각 팬에 올리브 오일을 두르고 ③을 약간씩 부어가며 달걀말이 하듯 말아줍니다.

❺ 흰자를 붓고 말아주기를 반복하며 달걀말이를 뚱뚱하게 만들어줍니다.

❻ 흰자가 뚱뚱하게 말리면 노른자를 부어서 노란 옷을 입혀줍니다.

❼ 반으로 자르고 대각선으로 더 잘라 조각 케이크 모양을 냅니다.

 -3kg **point**

달걀 양(2회분)이 많으니 꼭 나눠서 드세요.

 재료

- ☑ **달걀** 1개
- ☑ **감자 전분** 1큰술
- ☑ **닭 가슴살** 100g
- ☑ **오트밀** 5큰술(50g)
- ☑ **크래미** 1덩이(30g)
- ☑ **치즈** 30g
- ☑ **무가당 두유** 5큰술
- ☑ **소금** 약간

 과정

❶ 볼에 달걀과 감자 전분을 넣고 섞어줍니다.

❷ ①에 닭 가슴살을 삶아서 찢어 넣고 오트밀, 무가당 두유, 소금을 넣어 섞어줍니다.

❸ 그릇에 종이 포일을 깔아줍니다.

❹ 포일 위에 ②의 반죽을 붓고 크래미를 올려줍니다.

❺ 주위에 치즈를 더 뿌리고 에어프라이어에서 180℃로 15분간 구워줍니다.

 -3kg **point**

탄수화물은 더 이상 먹지 않기!

달콤
고소

다이어트 유부초밥은 이걸로 정착

닭가슴살고구마유부초밥

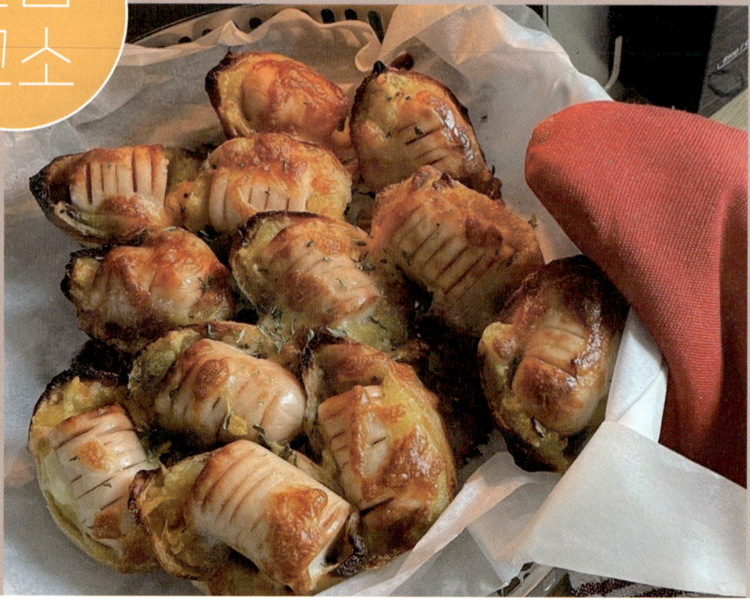

달콤
담백

가지도 맛있게 먹을 수 있어요

닭가슴살가지그라탱

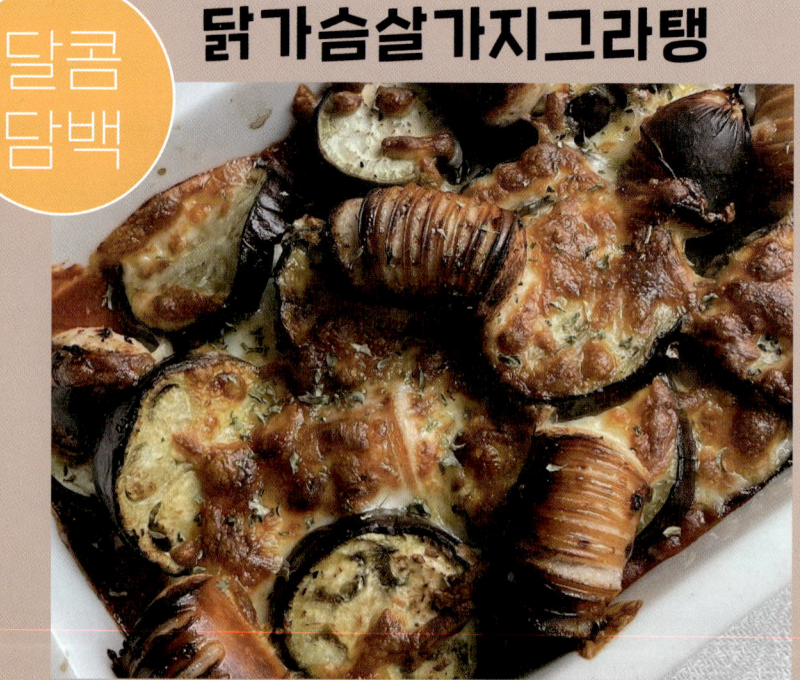

재료

 과정

☑ 유부 5~6장

☑ 고구마 100~120g

☑ 닭 가슴살 소시지 2개

☑ 치즈 30g

☑ 스프레이 오일 약간

❶ 고구마는 삶아서 으깨 준비해주세요.

❷ 유부에 삶은 고구마를 ⅔ 정도만 채워 넣어줍니다.

❸ 닭 가슴살 소시지는 칼집을 내서 3등분한 후 고구마 위에 올립니다.

❹ 치즈를 약간씩 올리고 스프레이 오일을 살짝 뿌려줍니다.

❺ 에어프라이어에서 200℃로 6~7분간 구워줍니다.

-3kg point

5개만 먹기!

 재료

 과정

☑ 가지 1개

☑ 닭 가슴살 소시지 2개

☑ 치즈 40g

☑ 토마토소스 10큰술

☑ 올리브 오일 약간

☑ 소금 약간

☑ 후춧가루 약간

❶ 가지는 동그랗게 썰어 준비해주세요.

❷ 가지 위에 소금, 후춧가루를 뿌리고, 예열한 팬에 올리브 오일을 두른 뒤 올려 약한 불로 양면을 구워줘요.

❸ 오븐 트레이에 토마토소스를 깔아주세요.

❹ 그 위에 구운 가지를 층층이 올려주세요.

❺ 닭 가슴살 소시지는 칼집을 내서 3등분하세요.

❻ 가지 사이에 닭 가슴살 소시지를 예쁘게 담아주세요.

❼ 치즈를 올려 에어프라이어에서 200℃로 10~12분간 구워줍니다.

-3kg point

탄수화물은 따로 챙겨 드세요.

 speedy 33

담백 고소

한 끼 식사로 딱 좋아

닭가슴살달걀밥롤

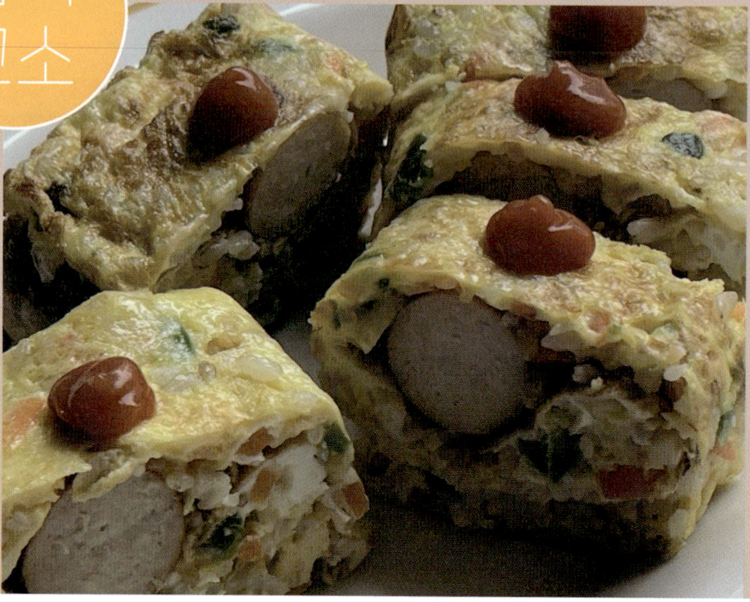

매콤 담백

애호박과 닭 가슴살의 멋진 컬래버레이션

애호박닭가슴살말이

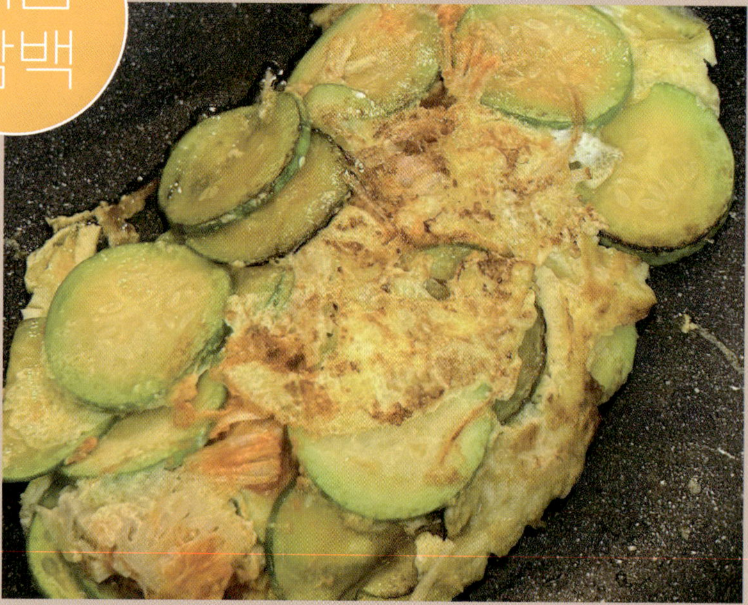

재료

☑ **달걀** 3개

☑ **당근** 30~40g

☑ **피망** 30~40g

☑ **현미밥** 70g

☑ **닭 가슴살 소시지** 1개

☑ **올리브 오일** 약간

 과정

❶ 달걀은 풀어서 준비합니다.

❷ 당근과 피망은 잘게 썰어 달걀물에 같이 넣어서 섞어줍니다.

❸ ②에 현미밥을 넣고 골고루 섞습니다.

❹ 예열한 사각 팬에 올리브 오일을 두르고 ③을 약간씩 부어가며 돌돌 말아줍니다.

❺ 중간에 닭 가슴살 소시지를 넣어 같이 말아줍니다.

❻ 약한 불로 지그시 네 면을 다 구워내면 완성.

 -3kg point

오늘 달걀은 이걸로 끝!

 재료

☑ **애호박** ½개

☑ **팽이버섯** 1봉지

☑ **달걀** 2개

☑ **닭 가슴살** 80~100g

☑ **치즈** 20g

☑ **스리라차소스** 2큰술

☑ **올리브 오일** 약간

 과정

❶ 애호박은 최대한 얇게 썰어주세요.

❷ 팬에 올리브 오일을 두르고 애호박을 넓게 펼쳐줍니다.

❸ 팽이버섯을 듬성듬성 썰어 애호박 위에 올리고 달걀을 깨뜨려 잘 저은 후 부어줍니다.

❹ 닭 가슴살을 삶아서 찢어 올리고 치즈와 스리라차소스를 뿌려 반으로 접습니다.

❺ ④를 앞뒤로 골고루 구워줍니다.

 -3kg point

치즈는 조금만 사용하는 것, 잊지 마세요.

치킨가스

바삭
담백

재료

- ☑ **닭 가슴살** 1장(100g)
- ☑ **오트밀가루** 7큰술(70g)
  ※ 오트밀을 믹서에 갈기
- ☑ **달걀** 2개
- ☑ **소금** 약간
- ☑ **저칼로리 바비큐소스** 약간
  ※ 저칼로리 소스로 대체 가능
- ☑ **올리브 오일** 약간

 과정

❶ 오트밀가루를 그릇에 넣어놓습니다.

❷ 달걀을 풀어 따로 달걀물을 만들어놓습니다.

❸ 닭 가슴살을 삶아 오트밀가루 → 달걀물 → 오트밀가루 순으로 묻힙니다.

❹ 팬에 올리브 오일을 두르고 ③의 닭 가슴살을 올립니다.

❺ 중간에 소금을 뿌리고 ④를 노릇하게 구워주세요.

※ **완성된 치킨가스는 바비큐소스에 찍어 드세요.**

-3kg point

맛있다고 2개 먹으면 안 됩니다.

Protein
Powder

프로틴
파우더

이제부터는 프로틴 파우더도 맛있게 조리해서 드세요.
맛없는 프로틴 파우더, 처치 곤란인 프로틴 파우더로
스무디, 빵, 브라우니 등으로 만들어 맛있게 먹을 수 있어요.

달콤 충전

바쁜 아침에 커피와 단백질을 한꺼번에 챙길 수 있는

프로틴라테

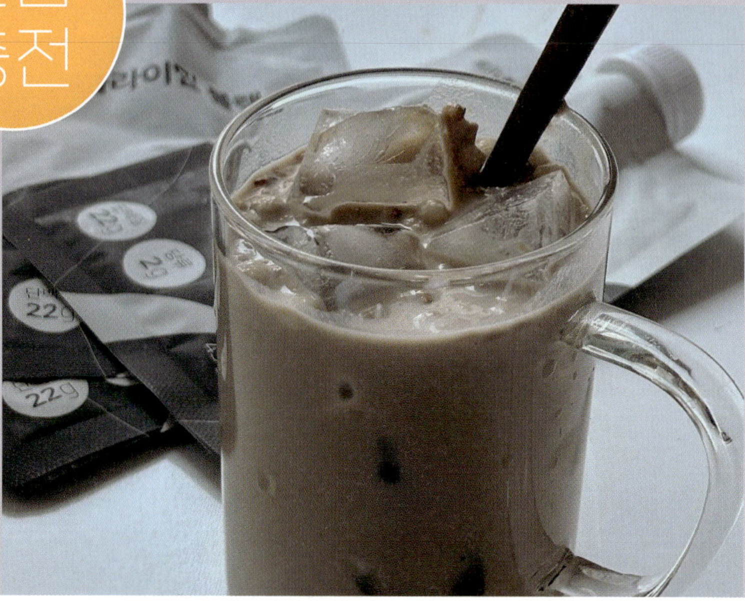

달콤 든든

화장실에 못 간다면 효과 만점

블루베리스무디

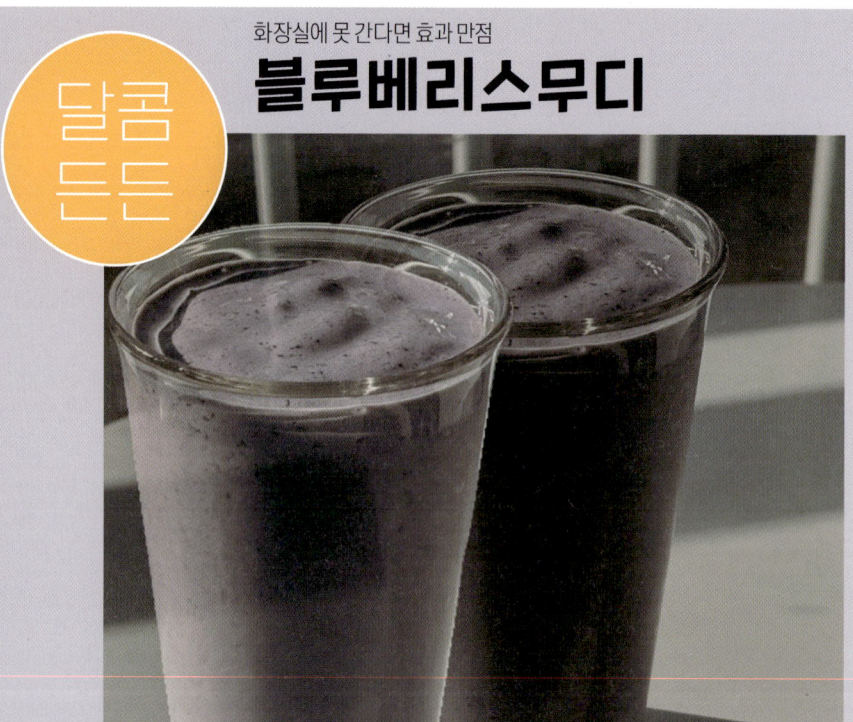

 재료

 과정

☑ **단백질 파우더** 5큰술(50g)

☑ **무가당 두유** 200ml

☑ **아메리카노** 1팩(1g)

☑ **얼음** 적당량

❶ 아메리카노에 물을 약간 넣어 희석합니다.

❷ 컵에 무가당 두유, 단백질 파우더, ①의 아메리카노를 넣고 섞어줍니다.

❸ 재료가 충분히 섞이고 녹게 잘 저어주세요.

❹ 얼음을 채워서 완성하세요.

 point

적당량만 마셔주세요.

 재료

 과정

☑ **무가당 두유** 200ml

☑ **바나나** 1개

☑ **블루베리** 1컵(종이컵 기준)

☑ **호두** 3~4알

☑ **프로틴 파우더** 3큰술(30g)

☑ **얼음** 적당량

❶ 믹서에 무가당 두유, 바나나, 블루베리, 호두, 프로틴 파우더, 얼음을 넣고 갈아주세요.

❷ 스무디처럼 약간 퍽퍽하게 갈면 완성입니다.

 point

한 끼 식사로 드세요.

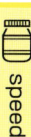

생리 직전 입 터짐 방지

꾸덕프로틴브라우니

달콤
꾸덕

빵순이 다이어터를 위한

프로틴파운드

달콤
촉촉

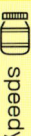
 재료

- ☑ **고구마** 100g
- ☑ **달걀** 1개
- ☑ **베이킹파우더** 약간
- ☑ **초코 프로틴 파우더** 5큰술 (약 50g)
- ☑ **무가당 코코아 파우더** 3큰술 (약 30g)
- ☑ **무가당 두유** 100ml
- ☑ **알룰로스** 3~4큰술

 과정

❶ 고구마는 삶아서 준비해주세요.

❷ 믹서에 삶은 고구마, 달걀, 베이킹파우더, 코코아 파우더, 프로틴 파우더, 무가당 두유, 알룰로스를 넣고 잘 갈아주세요.

　※ 질감은 수저로 떴을 때 수프보다 좀 더 걸쭉해야 합니다. 너무 묽거나 걸쭉하면 무가당 두유를 가감하면 됩니다.

❸ 그릇에 종이 포일을 깔고 반죽을 부어서 골고루 평평해지도록 바닥에 탕탕 쳐줍니다.

❹ 전자레인지에 넣고 5분간 돌려줍니다.

❺ 약간 식으면 종이 포일을 잘 감싸 뚜껑을 덮어 냉장고에 하루 정도 넣어두었다가 먹습니다.

　※ 냉동 보관 시 2시간 정도 있다가 드세요.

-3kg point

약간만 드세요.

 재료

- ☑ **바나나** 1개
- ☑ **달걀** 1개
- ☑ **단백질 파우더** 5큰술(50g)
- ☑ **오트밀** 3큰술
- ☑ **스테비아** 1큰술
- ☑ **베이킹파우더** 약간
- ☑ **알룰로스** 2~3큰술

 과정

❶ 볼에 바나나, 달걀을 넣고 포크로 잘 으깨줘요.

❷ ①에 단백질 파우더, 오트밀, 스테비아, 베이킹파우더, 알룰로스를 넣고 잘 섞어줍니다.

❸ 파운드 틀에 종이 포일을 깔고 반죽을 부어줍니다.

❹ 바나나를 반으로 잘라 장식합니다(생략 가능).

❺ 에어프라이어에서 170℃로 10분 돌린 후 다시 160℃로 7~8분 더 돌려줍니다.

❻ 완전히 식혀 잘라서 드세요.

-3kg point

친구와 나눠서 드세요.

쫀득
달콤

요즘 핫한 베이글
프로틴크림베이글

달콤
담백

유명한 인절미토스트를 건강하게 집에서
인절미프로틴토스트

 **재료**

☑ **통밀 베이글** ½개

☑ **초코 프로틴 파우더** 3큰술(30g)

☑ **무가당 플레인 요거트** 5큰술

☑ **알룰로스** 3큰술

☑ **스테비아** ½큰술

☑ **무가당 두유**(선택) 약 50ml
　※ 취향에 따라 가감

☑ **견과류 혹은 그래놀라** 약간
　(20g)

 과정

❶ 통밀 베이글은 반으로 자릅니다.

❷ ①을 에어프라이어에서 180℃로 5분 정도 돌립니다.

❸ 초코 프로틴 파우더, 무가당 플레인 요거트, 알룰로스, 스테비아를 넣고 섞어줍니다.

❹ 크림 제형 정도의 질감이면 되고, 너무 뻑뻑하면 무가당 두유를 넣어 크림처럼 만들어줍니다.

❺ 통밀 베이글에 크림을 듬뿍 올리고, 원하는 그래놀라나 견과류를 올립니다.

 -3kg point

탄단지가 골고루 담겨 있으니 하나만 드세요.

 재료

☑ **통밀 식빵** 2장

☑ **달걀** 2개

☑ **무가당 두유** 50ml

☑ **프로틴 파우더** 1큰술(곡물맛)

☑ **콩가루** 1큰술

☑ **알룰로스**(선택) 1스푼

☑ **스테비아** 약간

☑ **올리브 오일** 약간

 과정

❶ 볼에 달걀, 스테비아, 무가당 두유를 넣고 잘 섞어줍니다.

❷ 그릇에 식빵 2장을 겹쳐 올리고 만들어놓은 달걀물을 부어줍니다.

❸ 식빵이 촉촉하게 적셔질 때까지 잠시 담가두었다가 올리브 오일 두른 팬에 양면을 잘 구워줍니다.

❹ ③의 구운 식빵에 프로틴 파우더와 콩가루를 뿌려줍니다.

　※ 더 달달하게 먹고 싶다면 알룰로스를 조금 뿌리세요.

 -3kg point

1개만 먹기!

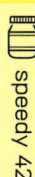

아침이 기다려지는 메뉴

달콤충전

아침이 기다려지는 메뉴

오나오

전자레인지로 만드는

프로틴흑임자죽

고소담백

재료

- ☑ 무가당 플레인 요거트 100g
- ☑ 오트밀 2큰술(20g)
- ☑ 치아 시드 1큰술
- ☑ 땅콩버터 1작은술
- ☑ 사과 ½개(작은 것)
- ☑ 프로틴 파우더 2큰술(20g)
- ☑ 그래놀라 20g
  ※ 호두 3~4알로 대체 가능

-3kg point

땅콩버터는 1작은술만 사용하세요.

 과정

❶ 모든 재료를 유리 용기에 넣고 섞어서 먹습니다(바로 섭취할 경우).

※ 밤에 만들어놨다가 아침에 먹을 경우에는 사과, 호두, 그래놀라를 제외한 재료를 유리 용기에 넣고 잘 섞어서 뚜껑을 닫은 후 냉장 보관하세요. 아침에 한번 더 섞은 후 사과, 그래놀라, 호두 등을 추가해서 먹습니다.

 재료

- ☑ 오트밀 3큰술(30g)
- ☑ 프로틴 파우더 2큰술(20g)
- ☑ 땅콩버터 1작은술
- ☑ 무가당 두유 50~70g
  ※ 재료가 잠길 정도로만 넣고 아몬드 브리즈나 오트 밀크로 대체 가능합니다.

-3kg point

맛이 강하지 않은 프로틴 파우더 사용하기!

 과정

❶ 오트밀, 프로틴 파우더, 땅콩버터를 그릇에 넣고 재료가 잠길 때까지 아몬드 브리즈나 오트 밀크 혹은 무가당 두유를 넣어 잘 섞어줍니다.

※ 땅콩버터가 뭉치지 않고 잘 풀어지도록 오래 저어주세요.

❷ 전자레인지에 1분 30초간 돌린 후 꺼내 저어주고 1분 더 돌립니다.

일주일에
−3kg

Oatmeal
오트밀

제가 너무 좋아하는 오트밀!
오트밀은 GI 지수가 다른 탄수화물에 비해 낮고, 섬유질이 많아 포만감이 큽니다.
그냥 먹으면 맛이 없지만, 죽이나 쿠키전으로 만들면 맛있게 먹을 수 있어요.
많이 먹어도 질리지 않는 오트밀 레시피를 알려드릴게요.

오트밀달걀김밥

환상의 조합

피넛오트밀죽

재료

- ☑ **오트밀** 3큰술(30g)
- ☑ **달걀** 2개
- ☑ **오이** 50g
- ☑ **캔참치** 1주먹(30g)
- ☑ **김밥용 김** 1장
- ☑ **참기름** 약간
- ☑ **올리브 오일** 약간

과정

❶ 볼에 달걀을 넣고 잘 풀어 준비합니다.

❷ ①에 오트밀을 넣고 잘 섞어줍니다.

❸ 예열한 사각 팬에 올리브 오일을 두르고 ②를 넣어 앞뒤로 노릇하게 잘 구워줍니다.

❹ 김밥용 김에 ③을 올리고 채 썬 오이, 기름 뺀 참치를 넣어 돌돌 말아 줍니다.

❺ 참기름을 발라서 완성합니다.

 -3kg point

오트밀로 탄수화물을 채우니 밥은 넣지 마세요.

재료

- ☑ **오트밀** 3큰술(30g)
- ☑ **땅콩버터** 1큰술
- ☑ **소금** 약간

과정

❶ 냄비에 오트밀을 넣고 잠길 만큼 물을 부어주세요.

❷ 끓기 시작하면 땅콩버터와 소금을 넣고 계속 저어가며 끓여주세요.

❸ 꾸덕해질 때까지 끓이세요.

 -3kg point

땅콩버터는 1큰술만 넣기!

단짠
단짠

더 건강하고 맛있는

오트밀핫도그

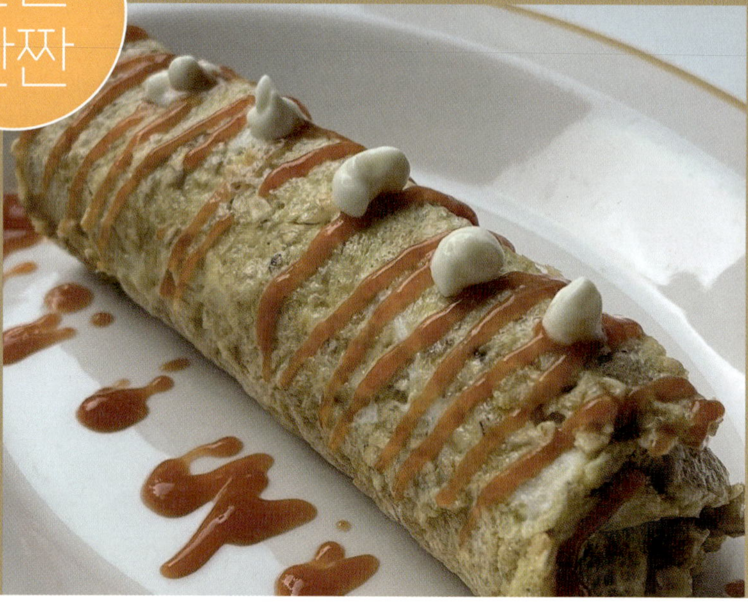

담백
담백

한 끼 식사로 충분

오트밀시금치달걀찜

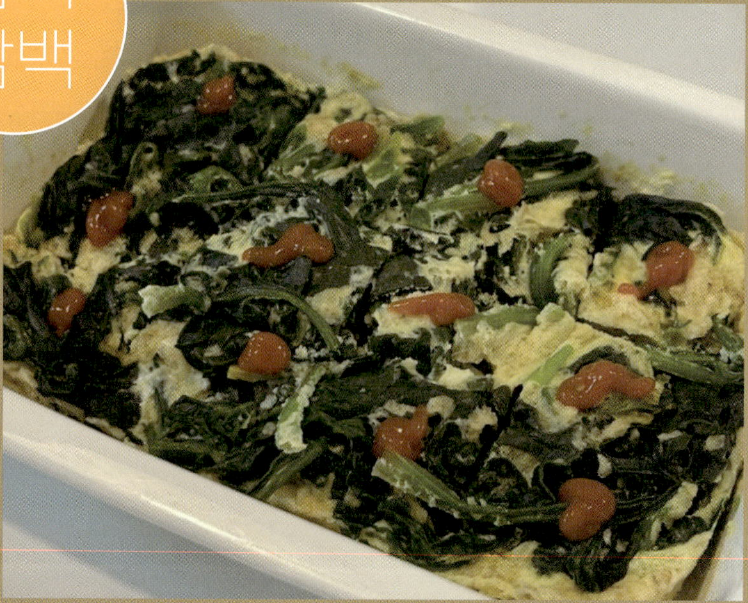

재료

- ☑ **오트밀** 3큰술(30g)
- ☑ **달걀** 2개
- ☑ **슬라이스 치즈** 1장
- ☑ **닭 가슴살 소시지** 1개
- ☑ **올리브 오일** 약간
- ☑ **저칼로리 소스** 약간

 과정

❶ 볼에 오트밀과 달걀을 넣고 잘 섞어놓으세요.

❷ 예열한 팬에 올리브 오일을 두르고 반죽을 동그랗게 올려 구워주세요.

❸ 위에 치즈를 올리고, 닭 가슴살 소시지도 올려 돌돌 말면서 구워줍니다.

❹ 돌려가며 중약불로 지그시 구우세요.

❺ 노 슈거 케첩, 저칼로리 머스터드 등 원하는 저칼로리 소스를 뿌려 드세요.

-3kg point

소스는 적당하게 뿌리세요.

 재료

- ☑ **오트밀** 4큰술(40g)
- ☑ **달걀** 3개
- ☑ **소금** 약간
- ☑ **시금치** 100~120g

  과정

❶ 달걀은 잘 풀어주고 물 150ml를 추가해 달걀물을 만들어줍니다.

❷ ①에 오트밀을 넣고 소금을 넣어 잘 섞어줍니다.

❸ 끓는 물에 시금치를 1분 정도 살짝 데친 후 꺼내 물기를 제거합니다.

❹ 그릇에 시금치를 넣고 달걀물을 부으세요.

❺ 랩을 씌워 전자레인지에서 4~5분간 돌려줍니다.

※ 전자레인지 대신 찜기에 올려 20~30분 정도 쪄도 맛있어요. 젓가락을 넣어 물이 묻어나오지 않으면 익은 거예요.

 -3kg point

달걀은 더 이상 추가하면 안 돼요!

담백
고소

박수가 절로 나오는

양배추오트밀전

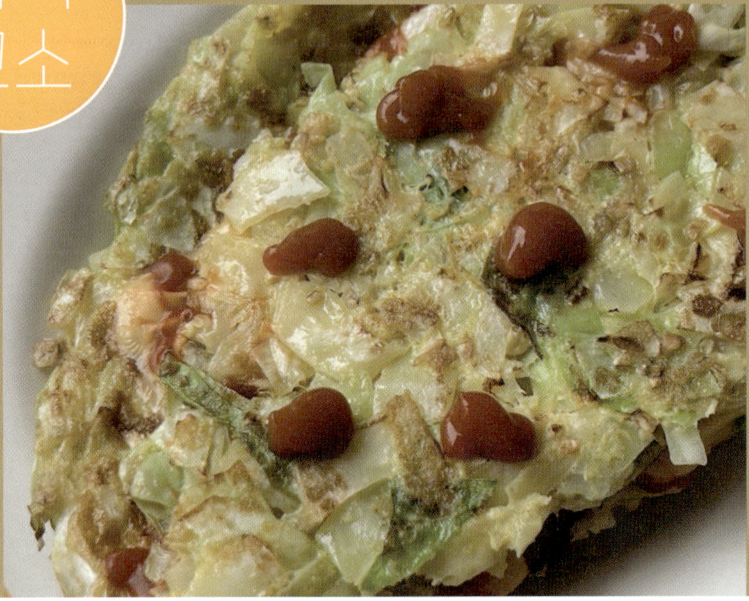

고소
쫀득

입 터짐 예방 간식으로 최고

오트밀단백질볼

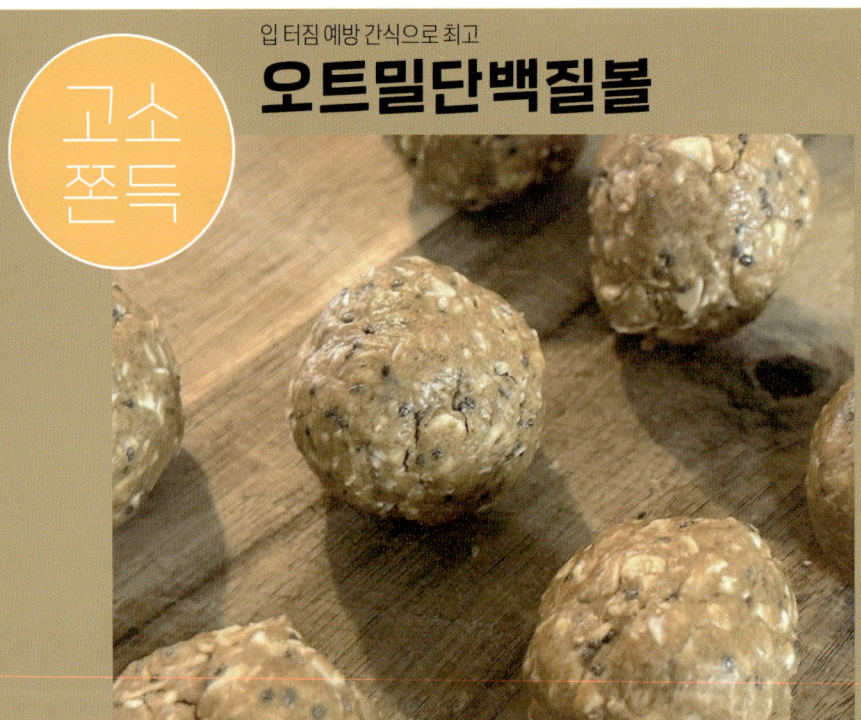

재료

- ☑ **양배추** 200~230g
- ☑ **오트밀** 4큰술(40g)
- ☑ **달걀** 2개
- ☑ **노 슈거 케첩** 약간
- ☑ **소금** 약간
- ☑ **후춧가루** 약간
- ☑ **슬라이스 치즈** 1장
- ☑ **올리브 오일** 약간

 과정

❶ 양배추는 깨끗이 씻어 잘게 썰어서 준비해주세요.

❷ 볼에 양배추, 달걀, 오트밀, 소금, 후춧가루를 넣어 잘 섞어주세요.

❸ 예열한 팬에 올리브 오일을 두르고 ②를 올려 동그랗게 부쳐주세요.

❹ 뒤집어서 꼭꼭 눌러주고 반쪽에 치즈와 노 슈거 케첩을 뿌리세요.

❺ 반으로 접어줍니다.

❻ 뒤집어서 골고루 구워줍니다.

 point

탄단지가 든든하니 탄수화물은 따로 챙기지 않아도 돼요.

 재료

- ☑ **단백질 파우더** 3큰술(30g)
- ☑ **오트밀** 80g
- ☑ **계핏가루** 약간
- ☑ **치아 시드** 20g
- ☑ **소금** 약간
- ☑ **땅콩버터** 2큰술(가득)
- ☑ **알룰로스** 4~5큰술

 과정

❶ 볼에 모든 재료를 넣고 잘 섞어서 동그랗게 말아주면 완성입니다.

 point

2개까지만 드세요.

speedy 49

speedy 50

191

살이 쏙 빠지는
오트밀미역달걀말이

담백
충전

빵 좋아하는 다이어터를 위한 초간단
오트밀애플빵

상큼
담백

재료

 과정

☑ **미역** 1주먹(불린 것 기준)

☑ **두부** ½모

☑ **오트밀** 4큰술(40g)

☑ **달걀** 2개

☑ **소금** 약간

☑ **닭 가슴살 소시지** 1개

☑ **올리브 오일** 약간

❶ 미역은 물에 불려 먹기 좋은 크기로 썰어주세요.

❷ 두부는 으깨서 그릇에 넣고 미역과 오트밀, 달걀을 모두 넣고 잘 섞어주세요.

❸ 소금을 넣어 간해주세요.

❹ 달군 팬에 올리브 오일을 둘러 반죽을 붓고 닭 가슴살 소시지를 얹은 후 반으로 접어줍니다.

❺ 중약불로 앞뒤를 골고루 구워주면 완성입니다.

 point

두부는 ½모만 사용하세요.

 재료

 과정

☑ **오트밀** 3큰술(30g)

☑ **달걀** 2개

☑ **사과** ½개(작은 것)

☑ **올리브 오일** 약간

❶ 오트밀, 달걀을 그릇에 넣고 잘 섞어줍니다.

❷ 사과를 잘게 썰어 ①에 넣어 섞습니다.

❸ 에어프라이어 그릇에 올리브 오일을 살짝 발라 코팅한 후 반죽을 넣습니다.

❹ 에어프라이어에 180℃로 10분간 굽고 150℃로 5분 정도 더 구워서 완성합니다.

 point

간식으로는 1개, 끼니로는 2개만 드세요.

Tomato
토마토

토마토는 체지방을 제거해주는 착한 채소예요.
토마토는 생으로 먹는 것보다 조리해 먹어야 몸에 좋은 성분이 더 잘 흡수됩니다.
생으로 먹던 토마토를 조리하려면 조금 어려울 수도 있어요.
토마토와 건강한 재료를 넣어 맛있고 건강하게 먹을 수 있는 레시피를 알려드릴게요.

상큼
달달

브런치 카페 메뉴 부럽지 않은
토마토두부면에그인헬

달콤
산뜻

시들어가는 토마토의 변신
토마토토스트

196

재료

- ☑ **토마토** 1개
- ☑ **두부 면** 1팩
- ☑ **달걀** 3개
- ☑ **토마토소스** 3~4큰술
- ☑ **양파** ½개
- ☑ **치즈** 20~30g
- ☑ **올리브 오일** 약간

 과정

❶ 양파는 잘게 썰어 준비합니다.

❷ 예열한 팬에 올리브 오일을 두르고 양파를 볶습니다.

❸ 어느 정도 익으면 토마토와 토마토소스를 넣어 함께 볶아줍니다.

❹ 재료가 낙낙하게 잠길 만큼 물을 붓고 끓이다가 두부 면을 넣어 더 끓여줍니다.

❺ 어느 정도 익으면 달걀을 깨 넣습니다.

❻ 치즈를 올려 뚜껑을 덮어 치즈가 녹을 때까지 약한 불로 익힙니다.

 -3kg point

달걀은 3개까지만 넣으세요.

 재료

- ☑ **토마토** 1개
- ☑ **통밀 식빵** 1장
- ☑ **치즈** 30g
- ☑ **저칼로리 딸기잼** 1큰술
- ☑ **무가당 플레인 요거트**(선택) 적당량
- ☑ **그래놀라**(선택) 2큰술
- ☑ **알룰로스**(선택) 적당량

 과정

❶ 통밀 식빵은 토스터에 구워 준비합니다.

❷ 통밀 식빵 한 면에 저칼로리 딸기잼을 골고루 발라줍니다.

❸ 토마토를 2등분해서 식빵 위에 올려줍니다.

❹ ③ 위에 치즈를 뿌리고 에어프라이어에 160℃로 10분간 굽습니다.

❺ ④ 위에 요거트나 알룰로스, 그래놀라 등을 기호에 맞게 뿌려 먹습니다.

 -3kg point

통밀 식빵은 1장만 구우세요.

토마토닭가슴살구이

촉촉
담백

쌈두부의 진한 대변신

토마토라자냐

풍미
가득

재료

 과정

☑ **토마토** 2~3개

☑ **슬라이스 치즈** 1장

☑ **닭 가슴살** 100g

❶ 토마토는 깨끗이 씻어서 준비해주세요.

❷ ①에 십자 모양으로 깊숙이 칼집을 내세요.

❸ 닭 가슴살은 삶아서 찢어 사이사이에 끼워 넣어줍니다.

❹ ③ 위에 치즈를 올려 에어프라이어에 170℃로 10분간 굽습니다.

-3kg point

치즈는 1장만 사용하기!

speedy 55

 재료

 과정

☑ **쌈두부** 1팩

☑ **양파** ½개

☑ **닭 가슴살 소시지** 1개
　　※닭 가슴살 50g으로 대체 가능

☑ **토마토소스** 4~5큰술

☑ **토마토** ½개

☑ **올리브 오일** 약간

☑ **치즈** 30g

❶ 쌈두부는 먹기 좋게 반으로 잘라 준비합니다.

❷ 양파, 토마토, 닭 가슴살 소시지는 잘게 썰어 준비합니다.

❸ 예열한 팬에 올리브 오일을 두르고 양파와 닭 가슴살 소시지, 토마토를 함께 볶아줍니다.

❹ 어느 정도 익으면 토마토소스를 넣고 충분히 볶아줍니다.

❺ 접시에 쌈두부-④-쌈두부-④ 순으로 켜켜이 쌓아줍니다.

❻ 마지막으로 ④-치즈를 올려 에어프라이어에서 170℃로 7~8분간 구워줍니다.

　※ **에어프라이어 조리 생략 가능**

 -3kg point

치즈 양은 적당하게 조절해 주세요.

speedy 56

쫄깃토마토버거

쫄깃
산뜻

월요일 클린 식단으로 완벽한

토마토고구마에그슬럿

담백
촉촉

200

재료

- ☑ **라이스페이퍼** 2장
  ※ 버거 1개당 2장
- ☑ **토마토** 1개
- ☑ **양상추** 30~40g
- ☑ **닭가슴살스테이크** 1개
- ☑ **양파** ½개
- ☑ **할라피뇨** 2~3개
- ☑ **청양고추** ½개
- ☑ **비건 마요네즈** 1큰술
- ☑ **하인즈 머스터드** 1큰술
- ☑ **스리라차소스** 1큰술
- ☑ **올리브 오일** 약간

과정

❶ 토마토는 약간 굵게 단면으로 썰어 준비합니다.

❷ 양상추도 적당한 크기로 썰고, 닭가슴살스테이크는 반으로 자릅니다.

❸ 양파는 채 썰어 올리브 오일을 두른 팬에살짝 구워 준비합니다.

❹ 할라피뇨, 청양고추도 잘게 썰어 준비합니다.

❺ 작은 볼에 할라피뇨, 청양고추, 하인즈 머스터드, 스리라차소스, 비건 마요네즈를 넣어 섞어 소스를 만들어주세요.

❻ 라이스페이퍼를 적셔 그 위에 토마토-양상추-닭가슴살스테이크-소스-구운 양파-토마토 순으로 올려서 감싸줍니다.

※ 라이스페이퍼가 얇아 찢어질 수도 있으니 2장으로 튼튼하게 감싸줍니다.

-3kg point

라이스페이퍼는 많이 사용하지 마세요.

재료

- ☑ **토마토** 2개
- ☑ **치즈** 20g
- ☑ **고구마** 70~80g
- ☑ **달걀** 2개
- ☑ **소금** 약간

과정

❶ 토마토는 꼭지를 자르고 속을 파냅니다.

❷ 고구마를 삶아서 토마토 안에 넣고 달걀도 깨서 넣어줍니다.

❸ 그 위에 소금을 살짝 뿌립니다.

❹ 치즈를 올려 에어프라이어에서 170℃로 10분간 구워줍니다.

-3kg point

고구마와 치즈는 정해둔 양으로 사용하기!

아삭
산뜻

이건 꼭 해드세요

토마토양상추버거

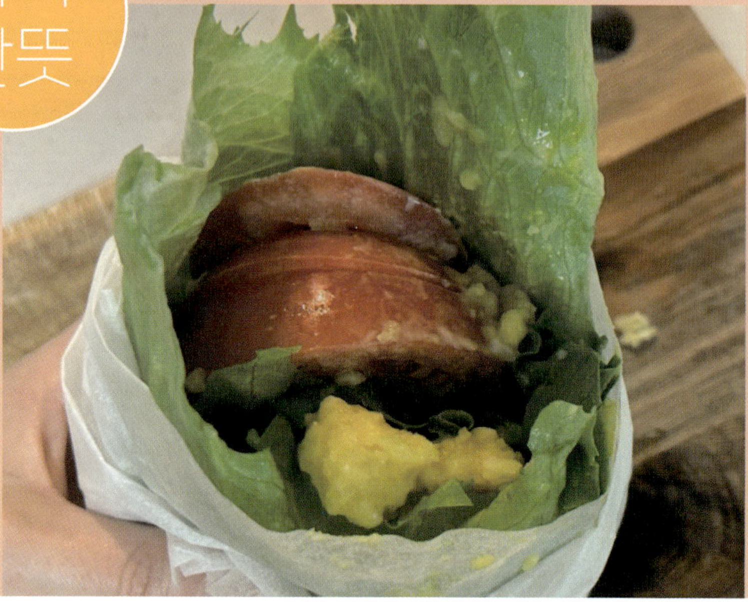

담백
산뜻

탄단지가 완벽한

토마토닭가슴살파스타

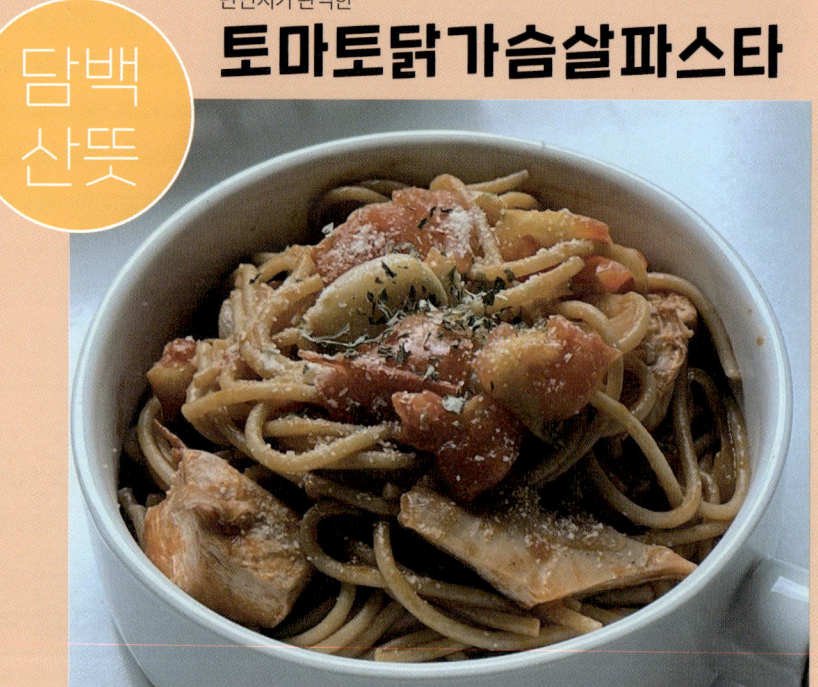

  재료

- ☑ 양상추 4~5장
- ☑ 토마토 1개
- ☑ 고구마 100g
- ☑ 달걀 1개
- ☑ 오이 ½개

※ 원하는 토핑을 올려서 드세요. 닭 가슴살도 가능!

 과정

❶ 양상추는 깨끗이 씻어 준비합니다.

❷ 토마토는 단면으로 큼직하게 썰어줍니다.

❸ 고구마는 삶아서 으깨 놓습니다.

❹ 달걀은 프라이로 준비하고, 오이는 동그랗게 썰어 준비합니다.

❺ 양상추를 넓게 펼치고 밑부분 중간을 칼로 살짝 잘라줍니다(양상추 를 접기 위해서입니다).

❻ 양상추를 4등분해 토마토, 고구마, 달걀 프라이, 오이를 각각 펼쳐 놓습니다.

❼ 접어 먹는 김밥처럼 접어서 종이 포일을 둘러 완성합니다.

 point

너무 맛있어서 양을 잘 조 절하셔야 해요.

 재료

- ☑ 통밀 파스타 면 100g
- ☑ 닭 가슴살 100g
- ☑ 양파 ½개
- ☑ 토마토 1개
- ☑ 마늘 4~5톨
- ☑ 토마토소스 4~5큰술
- ☑ 알룰로스 약간
- ☑ 파르메산 치즈가루 약간
- ☑ 올리브 오일 약간

 과정

❶ 마늘은 편으로 썰고 양파는 채 썰어 준비해주세요.

❷ 예열한 팬에 올리브 오일을 두르고 마늘과 양파를 볶아줍니다.

❸ 구운 재료에 적당한 크기로 썬 토마토를 넣고 더 볶습니다.

❹ 통밀 파스타 면은 끓는 물에 9~10분 정도 끓입니다.

　※ 면수는 버리지 마세요.

❺ 닭 가슴살은 삶아서 찢어 준비합니다.

❻ ③에 파스타 면과 닭 가슴살을 넣습니다.

❼ 토마토소스와 면수 ½컵도 넣어 끓여줍니다.

❽ 마지막에 알룰로스를 넣고 모든 재료에 소스가 충분히 밸 때까지 잘 끓여줍니다.

❾ 그릇에 담고 치즈가루를 뿌려 완성합니다.

point

파스타 면은 통밀 파스타 면으로 준비하세요.

생각보다 너무 맛있는 초간단

토마토두부카프레제

달달
고소

달걀과 토마토는 최고의 궁합

토마토샌드위치

촉촉
달달

재료

 **과정**

☑ 두부 ½모

☑ 완숙 토마토 1개

☑ 치즈 1장

❶ 두부, 토마토, 치즈는 먹기 좋은 크기로 잘라 준비해주세요.

❷ 양파는 잘게 썰어놓습니다.

❸ 그릇에 분량의 간장소스 재료를 넣고 잘 섞어주세요.

❹ 그릇에 토마토, 두부, 치즈를 켜켜이 담고 위에 소스를 얹어 완성합니다.

 **간장소스**

☑ 양파 약간

☑ 간장 1큰술

☑ 참기름 1큰술

☑ 식초 ½큰술

☑ 통깨 약간

 point

두부는 ½모만 사용하세요.

 재료

 과정

☑ 완숙 토마토 1개

☑ 달걀 2개

☑ 오트밀 3큰술(30g)

☑ 소금 약간

☑ 치즈 1장

☑ 노 슈거 케첩 또는
   저칼로리 소스 약간

☑ 올리브 오일 약간

❶ 토마토는 적당한 크기로 슬라이스해줍니다.

❷ 달걀을 깨뜨린 뒤 오트밀, 소금을 넣어 섞어줍니다.

❸ 달군 팬에 올리브 오일을 두른 후 ②를 붓고, 그 위에 토마토를 올립니다.

　　※ 위 2개, 아래 2개 올려주기

❹ 적당히 익으면 반으로 접고 한쪽 면에 치즈를 1장 올려 또다시 반으로 접어줍니다.

❺ 뒤집어가면서 약한 불로 골고루 구워줍니다.

❻ 익으면 위에 노 슈거 케첩이나 저칼로리 소스를 발라서 완성합니다.

 point

1개만 드세요.

일주일에
−3kg

Easy Table
인기 메뉴

오래 먹을 수 있고 정말 맛있는 레시피를 소개합니다.
제 인스타그램 피드 중에서도 후기와 반응이 가장 핫했던
인기 폭발 레시피만 모았습니다.
맛없을 수 없는,
'맛없없' 레시피! 꼭 따라 해보세요.

밥이 없는데도 맛있고 든든한

두부참치비빔밥

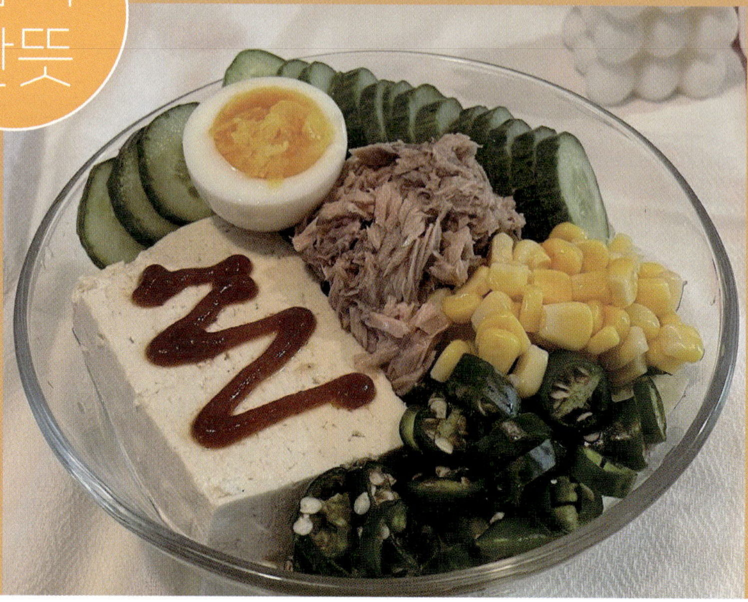

속세 음식 당길 때 만족도 최고

카레순두부

재료

- ☑ **두부** ½모
- ☑ **청양고추** 2~3개
- ☑ **캔참치** 1주먹(40~50g)
- ☑ **옥수수콘** 2~3큰술
- ☑ **오이** 1개
- ☑ **삶은달걀** ½개
- ☑ **스리라차소스** 약간
- ☑ **양상추** 취향껏

 과정

❶ 볼에 양상추를 가득 깔아주세요.

❷ 두부, 오이, 참치, 삶은 달걀, 옥수수콘, 청양고추를 넣으세요.

❸ 스리라차소스를 넣어 비벼 드세요.

-3kg point

밥은 넣지 마세요.

 재료

- ☑ **순두부** 1팩
- ☑ **달걀** 2개
- ☑ **양파** ½개
- ☑ **파** 1대
- ☑ **카레가루** 2큰술
- ☑ **오트밀** 2큰술
- ☑ **올리브 오일** 약간

 과정

❶ 양파는 채 썰고 파는 잘게 썰어 준비해주세요.

❷ 예열한 팬에 올리브 오일을 두르고, 양파와 파를 먼저 넣은 후 충분히 익을 때까지 볶아줍니다.

❸ 물 250ml를 넣고 카레가루, 오트밀을 넣고 끓여주세요.

❹ 순두부를 넣고 숟가락으로 슥슥 잘라주세요.

❺ 달걀을 깨 넣고 모든 재료가 잘 섞이도록 저어주세요.

　　※ 중간중간 너무 꾸덕하면 물을 약간씩 추가해서 끓여주세요.

-3kg point

카레가루는 2큰술만 사용하세요.

꾸덕 고소

전자레인지로만 만드는 간단 요리

카레오트밀닭죽

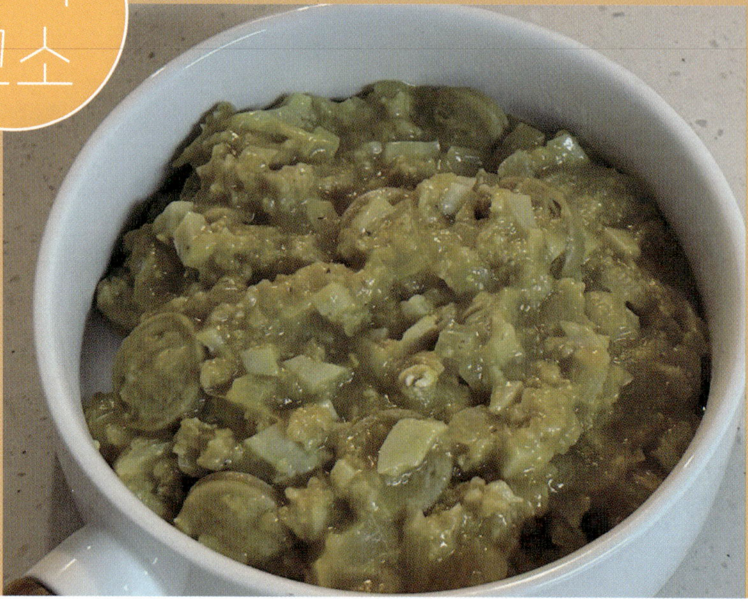

부들 달콤

순두부의 재발견

순두부고구마전

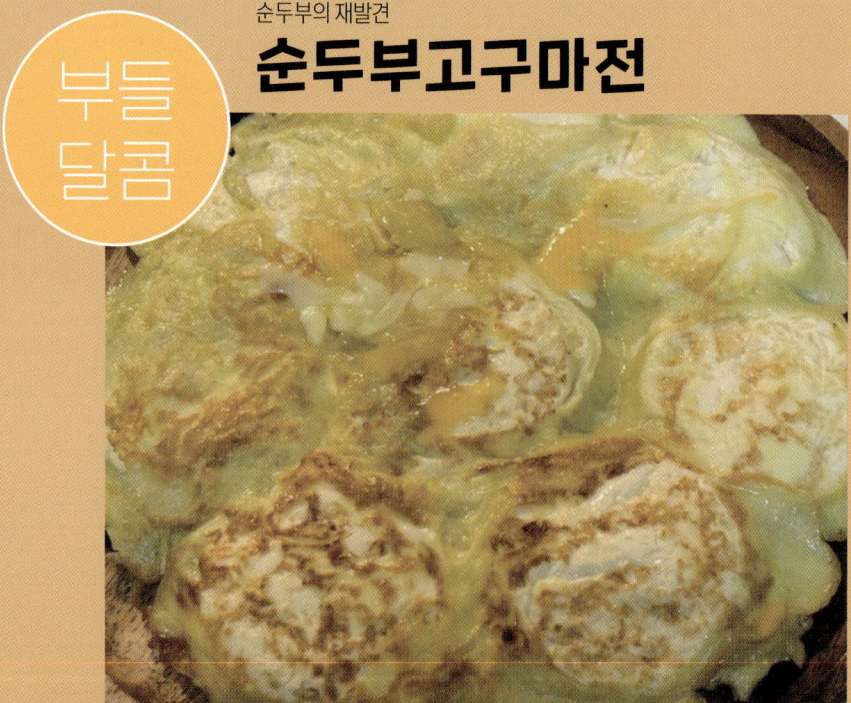

재료

- ☑ 양파 ½개
- ☑ 닭 가슴살 소시지 1개
- ☑ 새송이버섯 1개
- ☑ 오트밀 3큰술(30g)
- ☑ 카레가루 2큰술

과정

❶ 양파는 잘게 썰어 준비해주세요.

❷ 새송이버섯은 양파와 같은 크기로 잘게 썰고, 닭 가슴살 소시지는 적당한 크기로 썰어줍니다.

※ 닭 가슴살 소시지는 닭 가슴살로 대체 가능

❸ 전자레인지 트레이에 양파, 새송이버섯, 닭 가슴살 소시지를 넣습니다.

❹ ③에 오트밀, 카레가루, 물 200ml를 넣고 저어서 잘 섞어줍니다.

❺ 그대로 전자레인지에서 3분간 돌리고, 꺼내서 한번 섞어준 후 다시 2분 더 돌려줍니다.

-3kg point

카레가루는 너무 많이 넣지 마세요.

재료

- ☑ 순두부 1팩
- ☑ 고구마 100g
- ☑ 달걀 2개
- ☑ 치즈 30~40g
- ☑ 올리브 오일 약간

과정

❶ 달걀은 볼에 깨뜨려 풀어놓고, 고구마는 삶아 으깨주세요.

❷ 달걀물에 치즈, 고구마를 넣고 잘 섞어주세요.

❸ 순두부는 적당한 크기로 썰어주세요.

❹ ②의 달걀 반죽에 순두부를 조심스레 넣어 골고루 발라줍니다.

❺ 예열한 팬에 올리브 오일을 두르고 순두부를 모두 올린 후 남은 달걀 반죽을 순두부에 끼얹어줍니다.

❻ 노릇노릇 굽다가 접시를 이용해 뒤집어 뒷면도 노릇하게 굽습니다.

-3kg point

탄수화물은 고구마로 챙겨 주세요.

생소하지만 한번 먹으면 다시 먹게 되는

닭가슴살시금치롤

파 향 가득 단백질 가득

두부달걀밥

 재료

- ☑ **시금치** 100g
- ☑ **달걀** 2개
- ☑ **소금** 약간
- ☑ **슬라이스 치즈** 1장
- ☑ **닭 가슴살** 100g
- ☑ **노 슈거 케첩** 취향껏
- ☑ **올리브 오일** 약간

과정

❶ 예열한 팬에 올리브 오일을 두르고 깨끗이 씻은 시금치를 바로 넣어 볶아줍니다.

❷ 시금치의 숨이 죽으면, 소금을 넣어 간한 달걀물을 부어 동그랗게 부쳐줍니다.

❸ 앞뒤로 노릇하게 구워줍니다.

❹ 도마 위에 종이 포일을 깔아 준비해주세요.

❺ 종이 포일 위에 ③의 시금치달걀지단을 올립니다.

❻ 치즈를 반으로 잘라 ⑤ 위에 올리고, 닭 가슴살도 치즈 위에 가지런히 올려줍니다.

❼ 노 슈거 케첩을 취향껏 뿌리고 종이 포일을 이용해 돌돌 말아줍니다.

-3kg point

닭 가슴살은 100g만 사용하세요.

재료

- ☑ **두부** ½모
- ☑ **파** 1~2대 ※더 넣어도 좋아요.
- ☑ **달걀** 2개
- ☑ **굴소스** 1큰술
- ☑ **올리브 오일** 약간

과정

❶ 두부는 칼등으로 으깨주세요.

❷ 마른 팬에 두부를 넣고 볶아줍니다.

  ※ **수분을 날리는 과정입니다. 오일은 넣지 마세요.**

❸ 수분이 어느 정도 날아갔다 싶으면 올리브 오일과 파를 넣어 같이 볶아주세요.

❹ 달걀을 풀어 두부에 부어주세요.

❺ 충분히 볶다가 굴소스를 넣고 약간만 더 볶아줍니다.

-3kg point

두부는 ½모만 사용하세요.

몽글
고소

순두부가 있다면 비빔밥으로 요리해보세요! 너무 맛있어요!

순두부비빔밥

달큰
고소

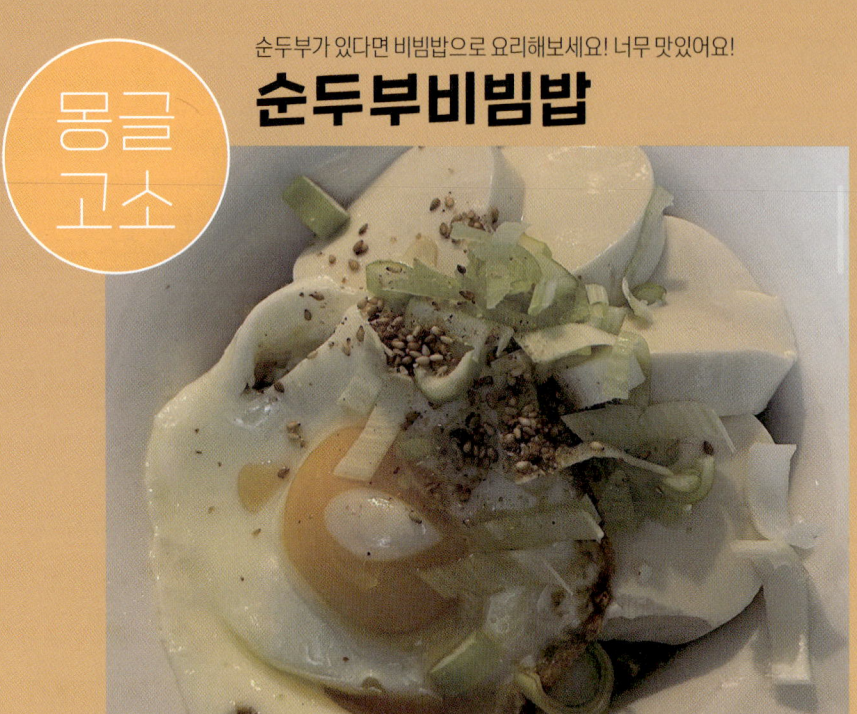

보들보들 맛있는

알배추스테이크

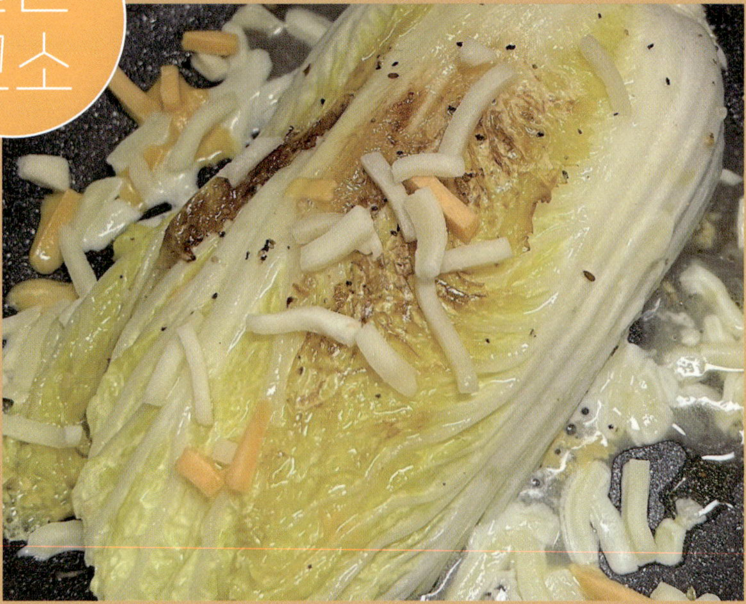

재료

☑ 순두부 ½모

☑ 파 약간

☑ 캔참치 1큰술

☑ 달걀 1개

☑ 현미밥 100g

☑ 참기름 1큰술

☑ 통깨 약간

 과정

❶ 순두부는 듬성듬성 썰어줍니다.

❷ 달걀로 프라이를 만들어줍니다.

❸ 그릇에 현미밥을 담고 그 위에 순두부-참치-달걀 프라이 순으로 올려줍니다.

❹ 파를 송송 썰어 올리고 참기름과 통깨를 올려 비벼 먹습니다.

-3kg point

참기름은 1큰술만 사용하세요.

---

speedy 70

 재료

☑ 알배추 ½통

☑ 치즈 30g

☑ 소금 약간

☑ 후춧가루 약간

☑ 올리브 오일 약간

 과정

❶ 알배추는 길게 반으로 잘라 깨끗이 씻어서 준비하세요.

❷ ①을 팬에 올려줍니다.

❸ 소금, 후춧가루를 약간 뿌리고 올리브 오일을 둘러 약한 불로 굽기 시작합니다.

※ 약한 불로 지그시 굽는 게 중요해요. 강한 불에 구우면 수분이 날아가면서 이파리가 타요.

❹ 치즈를 올린 후 뒤집어서 바삭해질 때까지 구워주세요.

-3kg point

치즈는 적당량만 사용하세요.

일주일에
-3kg

Best Diet
인기 식단 10

오래 지속할 수 있는 하루 식단 모음 베스트 10
유지어터 이지가 먹었던 하루 식단을 공유합니다.
낮은 체지방률과 높은 근육량을 유지한, 오래 지속할 수 있는 식단입니다.
가능하다면 유산소 운동(걷기)도 자주 합니다.
체지방은 줄이고 근육량을 늘리고 싶다면 클린하지만 만족도 높은 식단으로
탄단지를 골고루 잘 챙겨 먹되, 운동도 병행하면 도움이 많이 될 거예요.

하루 식단표

01

건강하고 든든한 식단을
원하는 분께 추천!

닭가슴살샐러드

아침 공복 웨이트 후 먹는 닭가슴살샐러드는
정말 맛있어요. 탄단지를 골고루 챙겨야 근
육을 키우는 데 도움이 돼요.

· 달걀 프라이 2개
· 닭 가슴살 소시지 1개
· 현미밥 100g
· 사과 ½개
· 채소 가득

고구마두부구이 3개, 아메리카노 1컵

고구마와 두부를 이용해 만든 두부구이로 점
심도 든든하게 탄단지를 채워보세요. 두부
에 삶은 고구마를 올려 라이스페이퍼에 한번
더 감싸 구워낸 고구마두부구이.

· 두부 3조각
· 삶은 고구마 100g
· 라이스페이퍼 3장

하루 섭취량이 부족하면 입이 터지기 마련이에요. 저는 탄단지 골고루 든든하게 챙겨 먹는 식단을 좋아해요.

(운동전) 삶은 달걀 1개, 무가당 두유 1컵

간식

간식(디저트 타임)

매일 하루 한 끼는 열심히 다이어트를 하고 있는 나에게 보상 주기! 먹고 싶었던 일반식을 먹거나, 디저트를 챙겨 먹거나! 극단적 절식은 좋지 않아요.

· 아메리카노 1잔
· 카페 디저트(피낭시에 1개, 미니 파운드 1개)
※ -3kg을 위해 디저트는 반만 먹었어요.

저녁

목살샐러드

고기로 맛있는 저녁 챙기기. 채소 가득 싸서 먹으면 포만감도 최고! 고생한 하루를 맛있는 샐러드로 보상해주세요.

· 목살 2덩이
· 현미밥 50g
· 쌈채소 가득

하루 식단표 02
★★★

'급찐급빠' 해야 한다면
이 식단을 추천해요.

아침

닭가슴살샐러드

찐 양배추는 찐사랑. 양배추는 많이 먹어도
살 안 찝니다. 닭 가슴살에 밥이랑 싸 먹으면
그게 바로 힐링이죠.

· 찐 양배추 150g
· 닭 가슴살 100g
· 흑미 곤약밥 50g
· 고추 2개

점심

남이 만들어준 샐러드

샐러드도 남이 해주면 요리가 되는 마법! 가
끔 나가서 먹는 샐러드로 힐링하세요.

· 불고기샐러드 ½개
· 크래미샌드위치 1개
※ -3kg을 위해 크래미샌드위치는 반만 먹었어요.

주말 치팅 후 '급찐급빠' 해야 할 땐 충분한 수분을 섭취하고, 적게 먹고 많이 움직여 부기를 빼주세요.

운동 전) 삶은 달걀 1개, 무가당 두유 1컵

간식

단백질 가득한 프로틴 바

간식도 내가 만들면 믿고 먹을 수 있어요. 직접 만든 프로틴 바로 건강하고 든든하게 간식 챙기기!

프로틴 바) 모든 재료를 볼에 담아 잘 섞어 반죽을 만듭니다. 그런 다음 그릇에 종이 포일을 깔아 반죽을 잘 펴서 냉동실에서 1시간 동안 보관한 후 적당한 크기로 썰어 소분하세요.

· 아메리카노 1잔
· 내가 만든 프로틴 바 2개
※ 프로틴 바 재료 : 프로틴 파우더 90g, 견과류 약간, 오트밀 3~4큰술, 알룰로스 3~4큰술, 코코넛 오일 2큰술, 무가당 두유 100ml

저녁

양배추찐만두

찐 양배추에 두부참치소를 넣어 쪄낸 양배추찐만두로 식이 섬유와 단백질을 골고루 챙기세요. 찐 양배추에 두부+참치+고추 소를 넣어 찜기에 한번 더 쪄냅니다.

· 양배추 8~9장
· 두부 ½모
· 기름 뺀 참치 2큰술
· 청양고추 1개

하루 식단표 03

칼로리는 낮게
단백질은 든든하게 채우고 싶다면
이 식단으로 먹어보세요.

아침

닭가슴살단호박샐러드

'급찐급빠'를 위해 아침엔 샐러드 챙겨 먹기.
월요일은 항상 몸이 무겁지만, 샐러드로 가
볍게 시작해보자고요.

· 단호박(소) ½개
· 사과(소) 1개
· 닭 가슴살 소시지 1개
· 아몬드 4~5알
· 채소 가득

점심

단호박유부구이 5개

유부에 두부보다 맛있는 단호박을 넣고 구워
낸 단호박유부구이로 든든하게 점심을 먹었
어요. 5개가 눈 깜빡할 사이에 사라지죠! 유
부 주머니에 삶은 단호박+삶은 달걀+견과
류를 넣고 에어프라이어에 160℃로 10분간
굽습니다.

· 유부 주머니 5개
· 삶은 단호박(소) ½통
· 삶은 달걀 1개
· 견과류 약간

저탄고단으로 칼로리는 낮게, 단백질은 든든하게 채우고 싶을 때 자주 애용하는 식단이에요. 운동 후 먹으면 딱이에요.

(운동 전) 삶은 달걀 1개, 무가당 두유 1컵

간식

간식(카페 디저트 타임)

오늘도 커피와 디저트로 힐링하기. 적당한 양의 디저트는 약이라고요.

· 아메리카노 1잔
· 카페 디저트(애플크루아상 1개, 카눌레 1개)
※ -3kg를 위해 디저트는 반만 먹었어요.

저녁

닭가슴살샐러드

닭 가슴살을 찐 양배추에 싸서 먹으면 또 다른 별미죠. 간단하게 먹고 싶을 땐 닭 가슴살이 최고입니다.

· 찐 양배추 200g
· 닭 가슴살 100g
· 삶은 고구마 100g
· 오이 적당량
· 청양고추 적당량

보디 프로필 준비하는 분도
부담 없이 먹을 수 있는 식단이에요.

아침

닭가슴살샐러드

아침에 샐러드로 시작하면 하루 종일 클린할
것 같은 기분! 아침부터 닭 가슴살로 든든하
게 단백질을 채우자고요.

· 닭 가슴살 100g
· 완숙 토마토 1개
· 오이 ½개
· 삶은 단호박 100g
· 채소 가득

점심

달걀면토마토파스타

밀가루 면 대신 달걀로 만든 면으로 토마토
파스타를 만들어보세요. 가볍고 맛있고 클
린한 식단이 완성된답니다. 달걀 2개를 풀어
오일 두른 팬에 동그랗게 지단을 만들고 얇
게 썰어 준비합니다. 다른 팬에 오일을 두른
후 양파, 토마토, 닭 가슴살 소시지를 볶다가
토마토소스를 넣고 더 볶은 후 달걀 면을 넣
어서 살짝만 더 볶아 완성합니다.

· 달걀 2개 · 양파 ½개 · 토마토(소) 1개 · 닭 가슴살
소시지 1개 · 토마토소스 4~5큰술 · 올리브 오일
약간

보디 프로필을 준비할 때도 이 정도 식단은 괜찮아요. 무리한 식단은 부작용을 불러올 수 있어요. 건강하게 살 뺄 수 있는 식단이에요.

(운동 전) 삶은 달걀 1개, 무가당 두유 1컵

간식

간식(카페 디저트 타임)

오늘도 힐링 디저트 타임! 오늘은 카눌레, 스콘으로 야무지게 먹었어요. 기운이 불끈!

· 아메리카노 1잔
· 디저트(카눌레 1개, 피낭시에 1개, 스콘 1개)
※ -3kg을 위해 디저트는 반만 먹었어요.

저녁

닭가슴살샐러드

오늘은 아침과 저녁을 닭 가슴살로! '급찐급빠'에 좋고, 근육 성장에도 좋은 닭가슴살샐러드. 이 메뉴로 두 끼를 먹으면 살도 잘 빠져요.

· 닭 가슴살 100g
· 오이 ½개
· 삶은 고구마 100g
· 완숙 토마토 1개
· 데친 브로콜리 적당량

하루 식단표 05
★★★

근육량을 늘리는 데 도움이 되는 식단

아침

두부깻잎비빔밥

두부깻잎비빔밥으로 포만감도 잡고, 만족도도 잡을 수 있어요. 싱그러운 깻잎 향이 나는 두부깻잎비빔밥으로 싱그러운 하루를 시작해보세요.

· 두부 ½모
· 참치 100g
· 오이 ½개
· 깻잎 가득
· 삶은달걀 1개
· 고추 3개
· 스리라차소스 취향껏

점심

배추닭가슴살만두 5개

닭 가슴살 만두소와 두부를 이용해서 만든 닭가슴살배추만두 어떠세요? 그 어떤 만두보다 건강한 레시피로 오늘도 건강하게! 만두에서 닭 가슴살 소만 빼내 두부를 으깨 섞어 만두소를 만들어줍니다. 데친 배춧잎에 만두소를 넣고 찜기에 10분간 쪄서 완성합니다.

· 배춧잎 5장
· 닭 가슴살 만두 2~3개
· 두부 약간

운동 후 탄단지를 클린하게 챙겨 먹는 습관이 근육량 증량에 도움이 많이 되었던 것 같아요.

(운동 전) 삶은 달걀 1개, 무가당 두유 1컵

간식

간식(디저트 타임)

행복은 멀리 있지 않아요. 오늘도 맛있는 디
저트로 나에게 선물을 주세요.

· 아메리카노 1잔
· 디저트(크루아상 1개)
※ -3kg을 위해 디저트는 반만 먹었어요.

저녁

닭가슴살샐러드

체지방 뺄 때 너무 좋은 닭가슴살샐러드. 든
든하게 먹고도 살은 빠지니 자꾸만 찾을 수
밖에 없는 메뉴예요.

· 닭 가슴살 100g
· 현미밥 100g
· 채소(고추·오이) 가득
· 미역 가득

디저트를
충분히 먹고 싶은 날
추천해요.

아침

닭가슴살비빔밥

이지가 즐겨 먹고 좋아하는 닭가슴살비빔밥.
탄단지도 완벽해서 맛도 영양도 최고죠. 채
소 가득 넣어서 먹는 것, 잊지 마세요!

· 닭 가슴살 100g
· 현미밥 100g
· 참치 100g
· 오이·고추·상추 가득
· 삶은 달걀 1개
· 스리라차소스 약간

점심

단백질가득요거트볼

아침은 든든하게 먹었으니, 점심은 간단하게
요거트볼! 간단하지만 간단하지 않은 맛이
죠. 건강한 토핑을 올려 먹는 재미가 쏠쏠하
답니다.

· 무가당 플레인 요거트 100g
· 프로틴 파우더 1스쿱
· 그래놀라 약간

디저트 맛집에 갈 예정이라면 점심 한 끼는 간단하게 먹고 디저트는 약간 더 챙겨 먹기도 해요. 든든하지만 칼로리는 낮은 다이어트 비빔밥도 한 끼로 강력 추천하는 메뉴입니다.

(운동 전) 삶은 달걀 1개, 무가당 두유 1컵

간식

간식(디저트 타임)

오늘도 디저트와 함께! 요즘 카눌레에 빠졌어요. 카눌레는 무조건 1인 1개죠. 오늘도 내 행복은 디저트로 해결!

· 아메리카노 1잔
· 디저트(카눌레 1개, 녹차스콘 ½개)

저녁

목살채소볶음

양배추, 파를 적당한 크기로 썰어 올리브오일을 넣고 양배추가 익을 때까지 볶아줍니다. 양배추가 익으면 목살과 소금을 조금 넣고 더 구워줍니다. 고기가 익으면 그릇에 담고 노른자를 올려 비벼 먹습니다.

· 양배추, 파 약간 · 얇은 목살 100g · 소금 약간
· 생달걀노른자 1개 · 올리브오일 약간

★★★
하루 식단표
07

생리 직전이나
편하고 맛있게 먹고 싶은 날
추천해요.

아침

닭가슴살샐러드

운동 후 닭고야는 필수잖아요. 건강한 탄수
화물과 근육 성장에 좋은 닭 가슴살을 먹어
보세요. 운동 후 탄단지 잘 챙겨 먹는 것까지
운동입니다.

· 닭 가슴살 100g
· 삶은 고구마 100g
· 방울토마토 5개
· 고추 2개
· 미니 오이 1개
· 채소 가득

점심

점심(초밥데이) 9개

일반식하는 날에는 초밥을 자주 먹어요. 밥
은 약간씩 빼서 먹기도 하지만, 아주 만족도
가 좋은 메뉴입니다.

생리 직전 입이 터지면 참기가 너무 힘들어요. 단 게 당기고 뭐든지 다 먹고 싶은 날엔 든든하고 클린하게 챙겨 먹되, 점심은 원하는 걸로 양을 조절해보세요. 디저트도 소량 챙기는 것, 잊지 마시고요.

(운동 전) 삶은 달걀 1개, 무가당 두유 1컵

간식

간식(디저트 타임)

저는 맛있는 디저트를 찾아서 먹는 재미로
사는 유지어터입니다. 대신 반드시 양을 조
절합니다.

· 아메리카노 1잔
· 디저트(머핀 2개)
※ -3kg을 위해 디저트는 반만 먹었어요.

저녁

크래미참치비빔밥

비빔밥을 똑똑하게 먹는 방법. 밥은 약간, 채
소는 많이, 그리고 단백질은 빵빵하게 넣은
비빔밥은 다이어트에 가장 좋은 식단이죠.

· 크래미 2개
· 참치 100g
· 현미밥 100g
· 오이·방울토마토·고추 적당량
· 호두 3알

하루 식단표 08

빠른 체중 감량을 돕는
식단이에요.

아침

닭가슴살샐러드

셀러리 좋아하세요? 셀러리에는 몸에 좋은
성분이 많은데, 빈혈 완화에도 특히 좋다고
하니 절식하는 다이어터에게 좋은 식재료 같
아요. 그래서 셀러리는 자주 챙겨 먹기로!

·닭 가슴살 소시지 1개
·현미밥 100g
·방울토마토 10개
·셀러리·고추 가득
·호두 3알

점심

단호박빵

밀가루가 없어서 속이 편한 초간단 단호박빵
을 먹어보세요. 달달한 빵을 먹고 싶은 마음
을 달랠 수 있고 건강한 식단을 챙길 수도 있
어서 좋아요. 삶은 단호박을 으깨고 달걀, 프
로틴 파우더, 알룰로스를 넣고 섞어 전자레
인지에 7~8분간 돌리면 완성됩니다.

·단호박 200~300g
·달걀 2개
·프로틴 파우더 30g
·알룰로스 3~4큰술

체지방 14%대를 유지하면서 자주 먹었던 메뉴예요. 대신 디저트는 아주 약간만 챙기기!

운동 전) 삶은 달걀 1개, 무가당 두유 1컵

간식(디저트 타임)

행복은 멀리 있지 않아요. 오늘도 맛있는 디
저트로 나에게 선물을 주세요.

· 아메리카노 1잔
· 디저트(피낭시에 1개, 녹차스콘 1개)
※ -3kg을 위해 디저트는 반만 먹었어요.

양배추닭가슴살 찜 8개

싱싱한 양배추에 닭 가슴살을 넣어서 쪄 먹
으면 정말 맛있어요. 살이 쑥쑥 빠지는 메뉴
죠. 데친 양배추에 현미밥과 삶은 닭 가슴살
을 찢어 넣어 말아서 소스에 찍어 먹으면 일
품이에요!

· 양배추 잎 8장
· 닭 가슴살 100g
· 현미밥 100g
※ 소스 : 간장 3큰술, 식초 1큰술, 물 3큰술, 청양고추
1큰술

하루 식단표 09

★ ★ ★

만족도가 높은 유지어터 식단

아침

닭가슴살샐러드

오늘도 셀러리 가득, 채소 가득 담은 닭가슴살샐러드로 하루를 시작하세요.

· 닭 가슴살 100g
· 현미밥 100g
· 참치 약간
· 호두 3알
· 채소(오이·셀러리) 가득

점심

양배추고구마스테이크

정말 든든하고 맛있는 양배추고구마스테이크. 기존 양배추스테이크를 업그레이드한 스테이크로 점심을 든든하게 챙겨 드세요. 양배추를 큼지막하게 썰고, 양면에 올리브 오일을 살짝 바른 후 소금, 후춧가루로 밑간해 줍니다. 그런 다음 중약불로 양면을 익히고, 한쪽 면에 고구마를 올린 후 중간에 달걀을 터뜨려 넣고 치즈를 뿌려 익힙니다.

· 편으로 썬 양배추 5~6cm · 고구마 100g · 달걀 1개 · 치즈 30g · 소금·후춧가루·올리브 오일 약간

건강하면서 든든해서 하루 잘 챙겨 먹었다고 자랑할 수 있는 식단이에요. 유지어터인 제가 좋아하는 식단이기도 합니다.

운동 전 | 삶은 달걀 1개, 무가당 두유 1컵

간식

간식(디저트 타임)

오늘도 디저트 하셨나요? 저는 알차게 디저트 타임 가졌습니다.

· 아메리카노 1잔
· 디저트(황치즈버터바 1개, 소금빵 1개)
※ -3kg을 위해 디저트는 반만 먹었어요.

저녁

서브웨이 로스트치킨

제일 좋아하는 외식 메뉴, 서브웨이 로스트치킨으로 탄단지 알차게 챙기기. 소스는 제가 먹는 소스로 먹어보세요. 너무 맛있어서 반할지도 몰라요.

· 올리브 오일 약간
· 후춧가루 약간
· 핫칠리 1줄

하루 식단표

10

오래 지속할 수 있는 식단

아침

닭가슴살샐러드

겨울 제철 과일로 상큼한 샐러드를 만들어 드세요. 귤로 비타민까지 꽉꽉 채운 닭가슴살샐러드 먹고 오늘 하루도 파이팅!

- 닭 가슴살 100g
- 현미밥 100g
- 호두 4알
- 방울토마토 10개
- 귤 ½개
- 데친 브로콜리 3~4개
- 고추 2개

점심

고구마달걀빵 2개

건강과 맛까지 잡은 고구마달걀빵으로 점심을 간단하게 해결하세요. 시장에서 파는 달걀빵 못지않아요. 종이컵에 올리브 오일을 잘 바르고 삶은 고구마 50g, 달걀 1개를 넣은 후 잘 섞습니다. 그런 다음 닭 가슴살 소시지를 적당한 크기로 잘라 넣고 치즈를 올려 전자레인지에 3~4분 돌립니다.

- 통밀 식빵 1장
- 고구마 70~80g
- 달걀 1개
- 치즈 30g

하루 한 끼, 먹고 싶은 일반식으로 다이어트 식단을 오래 유지할 수 있어요. 대신 양 조절은 필수예요. 음식에 집착하지 않게 되어서 좋아요.

(운동 전) 삶은 달걀 1개, 무가당 두유 1컵

간식

간식(디저트 힐링 타임)

핫한 디저트 카페를 찾아다니며 맛있는 디저트 먹는 것도 큰 행복이죠. 오늘은 쿠키 맛집에 가서 힐링하고 왔습니다.

· 아메리카노 1잔
· 디저트(마시멜로쿠키 1개, 딸기스콘 1개)
※ -3kg을 위해 디저트는 반만 먹었어요.

저녁

초밥 9개

좋아하지 않는 초밥은 과감히 패스하는 센스! 10개 중 1개는 뺍니다.

메모